Fit for Future

Reihe herausgegeben von
Peter Buchenau
The Right Way GmbH
Waldbrunn, Deutschland

Die Zukunft wird massive Veränderungen im Arbeits- und Privatleben mit sich bringen. Tendenzen gehen sogar dahin, dass die klassische Teilung zwischen Arbeitszeit und Freizeit nicht mehr gelingen wird. Eine neue Zeit – die sogenannte „Lebenszeit" – beginnt. Laut Bundesregierung werden in den nächsten Jahren viele Berufe einen tiefgreifenden Wandel erleben und in ihrer derzeitigen Form nicht mehr existieren. Im Gegenzug wird es neue Berufe geben, von denen wir heute noch nicht wissen, wie diese aussehen oder welche Tätigkeiten diese beinhalten werden. Betriebsökonomen schildern mögliche Szenarien, dass eine stetig steigende Anzahl an Arbeitsplätzen durch Digitalisierung und Robotisierung gefährdet sind. Die Reihe „Fit for future" beschäftigt sich eingehend mit dieser Thematik und bringt zum Ausdruck, wie wichtig es ist, sich diesen neuen Rahmenbedingungen am Markt anzupassen, flexibel zu sein, seine Kompetenzen zu stärken und „Fit for future" zu werden. Der Initiator der Buchreihe Peter Buchenau lädt hierzu namhafte Experten ein, ihren Erfahrungsschatz auf Papier zu bringen und zu schildern, welche Kompetenzen es brauchen wird, um auch künftig erfolgreich am Markt zu agieren. Ein Buch von der Praxis für die Praxis, von Profis für Profis. Leser und Leserinnen erhalten „einen Blick in die Zukunft" und die Möglichkeit, ihre berufliche Entwicklung rechtzeitig mitzugestalten.

Weitere Bände in der Reihe
http://www.springer.com/series/16161

Carsten Lexa

Fail – Wie man als Start-up versagt

Eine Anleitung in 10 Schritten

 Springer Gabler

Carsten Lexa
Rechtsanwaltskanzlei Lexa
Würzburg, Deutschland

Fit for Future
ISBN 978-3-658-29806-7   ISBN 978-3-658-29807-4   (eBook)
https://doi.org/10.1007/978-3-658-29807-4

Die Deutsche Nationalbibliothek verzeichnet diese Publikation in der Deutschen Nationalbibliografie; detaillierte bibliografische Daten sind im Internet über http://dnb.d-nb.de abrufbar.

Planung/Lektorat: Isabella Hanser
Springer Gabler ist ein Imprint der eingetragenen Gesellschaft Springer Fachmedien Wiesbaden GmbH und ist ein Teil von Springer Nature.
Die Anschrift der Gesellschaft ist: Abraham-Lincoln-Str. 46, 65189 Wiesbaden, Germany

Gewidmet meiner Mutter (gell, jetzt bist du ein bisschen stolz), meinem Vater (der leider dieses Buch nicht mehr lesen kann) und meinem Bruder (es ist nicht immer einfach, aber wäre es immer einfach, könnte es ja jeder).

Und der BIO 2019.

Erstes Geleitwort

Ich habe mich geirrt. Nein, das trifft es nicht ansatzweise. Ich habe mich fundamental geirrt und das schon oft in meinem Leben.

Aber genau dieses Irren und Umdenken, Scheitern und Aufstehen macht erfolgreiches Unternehmertum aus. Und genau darum geht es in diesem Buch, welches vor Ironie trieft und anders gelesen werden muss als andere Bücher. Carsten Lexa zwingt zum Perspektivenwechsel und hält, auf amüsante Art, ein leidenschaftliches Plädoyer für den Entrepreneurship, der allen erfolgreichen Gründungen innewohnt und der das notwendige Fundament jeder Erfolg versprechenden Gründung ist.

Jedes Start-up betritt #Neuland und jeder Gründer lässt sich auf ein Abenteuer im #Neuland ein, welches viele anstrengende Etappen und interessante Herausforderungen bereithält.

Dabei werden Fehler gemacht. Dumme Fehler, ärgerliche Fehler und gravierende Fehler. Das ist unvermeidlich. Aber Fehler haben einen gigantischen Vorteil: Sie helfen beim Lernen.

Und Lernen ist das, worauf es bei innovativem Unternehmertum ankommt. Wissen ist die Ausrüstung, die den Aufbau eures Unternehmens zu einer spannenden Reise bis ans Ziel werden lässt.

Das vorliegende Werk zeigt auf, wie man es nicht machen sollte, und gibt damit Raum, eigene Wege zum Erfolg zu finden.

Thomas Oehring
DigitalExplorer®
Vorstand Fscon AG
Vorsitzender des Aufsichtsrats Fullhouse IT-Services AG
Mitglied des Beirats University of Digital Science
Autor („Unterwegs nach Neuland")
Bundesvorsitzender WJ Deutschland 2012

Zweites Geleitwort

„Das wird doch sowieso nichts…" war sich eine Persön-lichkeit des politischen Lebens sicher, der ich 1994 von meinen Plänen zu einem neuen Mittelstandswettbewerb erzählte. Das ist 25 Jahre her. Solange existiert nun der Wettbewerb „Großer Preis des Mittelstandes" bereits. Aber damals, 1994, hatte ich als Universitätsassistent mit einer Promotion in Mathematischer Psychologie weder eine unternehmerische Vergangenheit noch Beziehungen oder Kapital. Damals schien das Scheitern unvermeidbar. Für den unwahrscheinlichen Fall, dass ich diese Idee doch umsetzen könnte, wollte sich der Politiker dennoch eine Position als „Juror der 1. Stunde" sichern. Also behielt er seine Bedenken für sich und sprach mir stattdessen Mut zu: „Großartige Idee! Da mach ich gerne mit!" Erst ein paar Jahre später, als wir mit dem Wettbewerb bereits in mehreren Bundesländern unterwegs waren, erzählte er mir, was er 1994 wirklich gedacht und erwartet hatte.

Schon allein anhand dieser Geschichte und den ihr vor- und nachgelagerten Episoden könnte man die im vor-liegenden Buch beschriebenen zehn Wege zum sicheren unternehmerischen Scheitern komplett durchdeklinieren. Dabei wird zugleich eine Eigentümlichkeit des Themas „Scheitern" deutlich: Wer lebhaft von Schwierigkeiten und ihrer Überwindung erzählen kann, hat offenbar wirtschaftlich überlebt. Er ist also letztlich gar nicht gescheitert. Wer dagegen mit seiner Unternehmensidee tatsächlich auch Haus, Hof und Familie verlor, den laden Nachbarn und Weggefährten seltener zu unterhaltsamen Gesprächsrunden ein. Deshalb wird unsere individuelle Sicht auf „das Scheitern" eher von dem einen Zehntel der Erfolgreichen geprägt als von den neun Zehnteln der Gescheiterten. Die füllen zwar die Statistiken, aber nicht die Lehrbücher. In diese Lücke stößt der vorliegende Ratgeber. Auch sein Autor hat kaum persönliche Erfahrungen im Scheitern. Seiner Beratungtätigkeit ist es allerdings zu verdanken, dass sein Überblick über das Scheitern informativ und lesenswert ist.

Es liegt in der Natur der Sache, dass sich auch der Wettbewerb „Großer Preis des Mittelstandes" weniger um das Scheitern dreht als vielmehr um das Gelingen. Dennoch fragen die Juroren im Kapitel „Unternehmens-biographie" bewusst nach überwundenen Schwierig-keiten und Problemen. Denn unter den Nominierten sind sowohl Newcomer, die erst in den letzten fünf Jahren gegründet wurden, als auch über 100-jährige Unter-nehmen, die bereits zahlreiche Krisen, Währungsreformen und sogar Kriege überstanden haben. Sie repräsentieren das starke, stabile und zugleich flexible Rückgrat der deutschen Wirtschaft, einen unternehmerischen Mittel-stand, der Herausforderungen als Chance begreift und die täglichen Entscheidungen an der Nachhaltigkeit der eigenen Entwicklung ausrichtet. Die älteste jemals aus-gezeichnete Firma in diesem Wettbewerb ist die Gräflich Eltzsche Kastellanei Burg Eltz, nachweisbar seit 1157 als

Familienunternehmen tätig. Es ist unglaublich, welche Kompetenz zu bewältigten Problemen und Hindernissen, überstandenen Existenzgefährdungen und immer wieder neuen Geschäftsmodellanpassungen in diesen Familienunternehmen gesammelt wurde.

Der vorliegende Ratgeber fasst eine Menge solcher Erfahrungen zusammen und stellt sie dem geneigten Leser als Wissen zur Verfügung. So weit so gut. Aber gerade beim Umgang mit unsicheren Ereignissen und ungewisser Zukunft wird Wissen massiv überschätzt. Anderenfalls müssten es viel mehr Bibliothekare zu Reichtum und Einfluss gebracht haben. Sie haben schließlich den direktesten Zugang zum gesammelten Wissen der Menschheit. Offenbar genügt der Zugang zum Wissen nicht, um erfolgreich zu werden. Wer wochenlang dem chinesischen Pianisten Lang Lang auf Youtube beim Klavierspiel zusieht, wird vielleicht zum Lang-Lang-Kenner, aber noch lange nicht zum Pianisten. Das Klavierspiel selbst lässt sich nur durch Üben erlernen. Es genügt nicht, dass der Kopf etwas weiß. Dieses Wissen muss in die Finger kommen. Das geht nicht ohne Training. Dasselbe gilt zum Beispiel für Skispringen, für Kochen, für Bodybuilding, für Fotografieren, oder für Bücher schreiben.

Und das gilt auch für das Gründen, Führen und Weiterentwickeln von Unternehmen. Selbst wenn dem Gründer keine allzu großen Fehler passieren: Über kurz oder lang verändern sich wichtige Parameter des Kunden- oder Lieferantenmarktes. Mit ihnen verändern sich Prämissen des eigenen Geschäftsmodells. Ähnlich wie in der biologischen Evolution heißt es dann: „Anpassen oder untergehen!" Das sprichwörtliche Sandkorn im Getriebe kann mächtige Maschinen zum Stillstand zwingen. Aus demselben Sandkorn kann in einer Auster eine prächtige Perle entstehen. Man kann sich von solchen Sandkorn-Störungen nerven lassen oder sie als Impuls für notwendige Änderungen betrachten. Manche Konflikte müssen eskalieren, um Lösungen freizulegen. Und manche Konflikte dienen als Inspiration für Rahmenänderungen.

Übrigens kann niemand Niederlagen völlig vermeiden. Auch Steve Jobs und Warren Buffett ist nicht jede Idee gelungen. Das Stolpern ist ein fester Bestandteil unseres Lebens. Insofern ist es eine wichtige Schlussfolgerung nach Lektüre dieses Buches, das auch das Stolpern geübt werden muss. Auch Judoka, Stuntmen oder Motorradjunkies üben das Stürzen und das Fallen, um auf den Ernstfall besser vorbereitet zu sein.

Wie kann man sich als Start-up darauf vorbereiten, den unaufhörlichen Wandel mit unausweichlichem Stolpern zu überleben? Indem man permanent übt. Egal, ob man Treiber einer Entwicklung oder Getriebener ist. Talent und innere Klarheit vorausgesetzt, kann man auch die entscheidenden Unternehmer-Fähigkeiten trainieren: Problemlösen trotz unvollständiger Aufgabenstellungen, Entscheiden trotz ungewisser Rahmenbedingungen, Führen von Mitarbeitern trotz unsicherer Motivationslagen.

Wir alle kennen Menschen, die mit wortreichen Erklärungen immer wieder dieselben Fehler machen, zum Beispiel in der Partnerwahl. Daraus lässt sich schlussfolgern: Auch Scheitern will gelernt sein. Das vorliegende Buch ist in diesem Sinne als hilfreiches Übersichts- und Übungsbuch zu verstehen und vor allem zu gebrauchen.

Dr. Helfried Schmidt
Gründer und Vorstand Oskar Patzelt Stiftung
Gründer Großer Preis des Mittelstands
Geschäftsführer OPS Netzwerk GmbH

Vorwort

Die Situation in Deutschland ist erschreckend: Von zehn gegründeten Start-ups[1] wird statistisch eines richtig groß, zwei bis drei dümpeln mehr schlecht als recht vor sich hin, ohne komplett vor die Hunde zu gehen (manche generieren sogar Gewinne, wenn auch keine großen) und sechs bis sieben scheitern, auch wenn es manchmal zwei oder drei Jahre dauert. Oder um es mal anders zu formulieren: Anstatt die deutsche Gründlichkeit auch auf Start-ups anzuwenden, eiern viele Gründer[2] vor sich hin.

---

[1]Achtung: Der Begriff „Start-up" wird hier nicht verwendet im Rahmen der klassischen Definition (wonach es sich um ein junges Unternehmen handelt, das ein innovatives Geschäftsmodell hat und bei dem die Möglichkeit zu skalieren besteht), sondern einfach als junges Unternehmen. Der Begriff „Start-up" ist halt hip und deshalb passt er gut zu diesem Buch …

[2]Noch mal Achtung: Wenn von „Gründern" gesprochen wird, dann sind natürlich auch Gründerinnen, Mischungen aus Gründerinnen und Gründern und alle sonstigen Geschlechter gemeint, die ein Unternehmen starten wollen. Das Wort „Gründer" hat einfach die wenigsten Buchstaben und wird deshalb im Rahmen dieses Buches verwendet. Zeit ist nun mal Geld, dieser Grundsatz ist unverrückbar.

Dabei sind die gemachten Fehler regelmäßig nicht neu, aber manche Gründer lassen sich einfach viel Zeit dabei, diese zu genießen und zu zelebrieren.

Doch sind wir ehrlich: Das geht so nicht weiter! Dieses endlose Hinauszögern des – statistisch gesehen – überdurchschnittlich Unvermeidbaren kostet zu viel Zeit und damit Lebensenergie. Abgesehen davon erfährt man meistens nichts Neues, denn so einfallsreich sind die Gründer leider nicht, was ihre Fehler angeht. Vielmehr werden von ihnen einfach nur die bekannten Fehler recycelt, und das dann auch noch ohne echte Hingabe.

Aus diesem Grund gibt es dieses Buch. Es sei allen zur Lektüre empfohlen, die ein Start-up gründen wollen. Da dieses zu ca. 70 % scheitern wird, sollte dieses Scheitern so schnell wie möglich angestrebt werden. Es gilt der in der Start-up-Szene bekannte Satz: *„Fail fast, fail hard!"*. Immerhin kann dann ja ein neues Start-up gegründet werden – es gibt ja so viele Gründe, um zu scheitern, da reicht eine Gründung gar nicht aus.

Ich habe in diesem Buch die Top 10 der Gründe zusammengetragen, mit denen man einem Start-up richtig den Rest gibt. Dabei darf nicht übersehen werden, dass Start-ups zu Anfang sehr fragile Gebilde sind. Das ist eine Chance – eine Chance, schnell den Exitus herbeizuführen!

Ein Hinweis sei noch erlaubt: Es ist gar nicht notwendig, alle von mir aufgeführten Gründe für das Scheitern in seinem Start-up umzusetzen. Es macht vielmehr Sinn, sich ein oder zwei Gründe herauszupicken und diese konsequent umzusetzen. Das reicht normalerweise aus. Wenn es natürlich gar nicht anders geht, so kann man sich auch einen Grund nach dem anderen vornehmen und implementieren. Der Lustgewinn ist dabei sicherlich größer, als wenn man zielgerichtet ein oder zwei Gründe anwendet. Allerdings dauert es dann auch länger und man verliert viel Zeit, die man ansonsten in eine neue Gründung oder einen geregelten Job als Sachbearbeiter, Instagram-Influencer oder Verwaltungsbeamter investieren kann[3].

Es kann natürlich sein, dass mir der eine oder andere Grund entgangen ist, mit dem das Scheitern schnell und konsequent erreicht wird. In diesem Fall bitte ich um eine dringende Mitteilung unter failfast@kanzlei-lexa.de. Wenn es mal ein Update zu diesem Buch geben sollte, dann bin ich für jeden Tipp dankbar, der noch schneller zu einem Scheitern führt.

Würzburg
März 2020

C. Lexa

---

[3]Damit kein Missverständnis entsteht: Das sind alles anerkannte und sinnvolle Berufe. Wie soll sonst Deutschland funktionieren, wenn es diese Berufe nicht gäbe?

Inhaltsverzeichnis

1

Einführung: Eine Anleitung für das Scheitern

Es ist das Scheitern, das einem die richtige Perspektive für den Erfolg gibt. (Original-Zitat: „It's failure that gives you the proper perspective on success".)

Ellen Lee DeGeneres

Es mag sein, dass im ersten Moment eine gewisse Irritation besteht: Warum braucht es eine Anleitung für das Scheitern als Start-up? Sollte nicht vielmehr das Ziel sein, als neues Unternehmen Erfolg zu haben? Macht es nicht viel mehr Sinn, Tipps und Hinweise zu geben, damit sich ein neu gegründetes Unternehmen am Markt behaupten kann, mit seinen Produkten oder Dienstleistungen Nutzen bringt, Mitarbeiter einstellt und Gewinne erzielt, von denen es dann wiederum Steuern zahlt, was letztendlich der Allgemeinheit zugutekommt?

Das sind sicherlich Überlegungen, die im ersten Moment nahe liegen. In der Realität sieht es jedoch anders

© Springer Fachmedien Wiesbaden GmbH, ein Teil von Springer Nature 2020
C. Lexa, *Fail – Wie man als Start-up versagt*, Fit for Future, https://doi.org/10.1007/978-3-658-29807-4_1

aus, auch wenn vielleicht nur wenige darüber sprechen: Gründer machen viele Fehler – und im Hinblick auf diese Fehler sind sie nicht einmal besonders innovativ. Darüber hinaus sind die gemachten Fehler altbekannt. Es gibt dutzende Bücher, die die Fehler beschreiben und Tipps geben, wie man diese vermeidet. Die Zahl der Vorträge, die sich mit den Fehlern von Gründern beschäftigen, ist schier endlos. Und dann gibt es die Berater, die staatlichen und halbstaatlichen Institutionen und Organisationen, die Business Angel, Mentoren, und, und, und. Zusammengefasst: Es gibt seit Jahren eine Vielzahl an Hilfestellungen und trotzdem ist die Quote der gescheiterten Start-ups zu denen, die überleben, nahezu unverändert.

Doch was bedeutet das nun? Ich bin der Ansicht, dass man das Problem mit dem Scheitern von Start-ups anders angehen muss. Anstatt die Energie darauf zu verschwenden, dass die Start-ups überleben und somit erfolgreich sind[1], sollte man sich vielmehr konzentrieren, dass die Start-ups die Fehler, die sie ohnehin machen werden, möglichst schnell machen. Die Idee dahinter ist, dass die Start-ups, die die Fehler möglichst schnell machen und dennoch nicht zugrunde gehen, offensichtlich wirklich gut sein müssen.

Und genau dort setzt dieses Buch an. Anstatt also nur die Fehler aufzuzeigen, die Start-ups „gerne" machen

---

[1]Wobei man an dieser Stelle wunderbar darüber streiten könnte, was eigentlich ein „erfolgreiches" Start-up ausmacht. So könnten manche schon das Überleben überhaupt als Erfolg ansehen, während etwas strengere Zeitgenossen auf das Erzielen eines Gewinns abstellen könnten oder darauf, dass die Mitarbeiter bezahlt werden und die Gründer darüber hinaus so viel Geld machen, dass sie davon leben können. Wir wollen aber an dieser Stelle nicht päpstlicher als der Papst sein. Einigen wir uns einfach darauf, dass ein erfolgreiches Start-up schon dann vorliegt, wenn es nicht zu den 6 oder 7 von 10 gehört, die entweder in die Insolvenz gehen oder ihre Aktivitäten aus welchen Gründen auch immer einstellen (müssen).

und dann in Längen beschreiben, wie man diese Fehler verhindert, soll aufgezeigt werden, welche Fehler mit hinreichender Wahrscheinlichkeit zu einem Scheitern führen und was Gründer tun können, um diese fehleranfällige Situation noch zu verstärken.

Dabei sollte der geneigte Leser[2] zum einen beachten, dass in diesem Buch nicht abschließend alle Fehler vorgestellt werden können. Diese sind einfach zu zahlreich! Es geht vielmehr darum, diejenigen Fehler vorzustellen, bei denen die Wahrscheinlichkeit am höchsten ist, ein Start-up möglichst schnell und möglichst gründlich kaputt zu machen.

Zum anderen ist es wichtig, noch einmal zu erwähnen, dass für die in diesem Buch genannten Fehler eine gewisse Reihenfolge gilt. Damit ist zwar nicht gemeint, dass die Fehler aufeinander aufbauen oder in der Umsetzung die Reihenfolge eingehalten werden muss, wie ich die Fehler beschreibe. Es kann ruhig mal ein Fehler ausgelassen oder die Reihenfolge leicht verändert werden. Mir war es aber zumindest wichtig, dass die Fehler, die ich beschreibe, in einer solchen Reihenfolge beschrieben sind, dass der Leser die Wahrscheinlichkeit des Scheiterns (s)eines Start-ups von Fehler zu Fehler steigern kann[3]. Und werden die Fehler letztendlich in der Reihenfolge umgesetzt, in der sie beschrieben werden, dann soll der Leser sicher sein, dass das Start-up wirklich endgültig gescheitert, das Scheitern als Erfolg also eingetreten ist[4].

---

[2]Auch hier ist natürlich wieder sowohl der männliche Leser als auch die weibliche Leserin gemeint. Es geht einfach nur um das Wort mit den wenigsten Buchstaben. Vgl. dazu Fußnote 2.

[3]Wobei natürlich immer wichtig ist, zu beachten, dass die beschriebenen Fehler auch konsequent umgesetzt werden.

[4]Hier wird dem Leser nun sicherlich schon klar, dass auch das Scheitern, wenn es möglichst effizient erfolgen soll, geplant werden muss.

Und damit können wir uns nun konkret dem korrekten Scheitern zuwenden[5].

Ein Hinweis aber noch an dieser Stelle: Manchmal kommt man auf neue und ergänzende Ideen. Ein paar wenige von diesen sind es wert, festgehalten zu werden und dieses Buch abzurunden. Aus diesem Grund lade ich jede Leserin und jeden Leser ein, die Webseite zu diesem Buch zu besuchen. Dort finden sich nicht nur weitere Informationen und Materialien wie Videos und ergänzende Links zu den einzelnen Kapiteln dieses Buches, sondern man kann auch mit mir ausgiebig diskutieren, innovative Wege zum Scheitern besprechen und insgesamt die Lust am Fehlschlag zelebrieren. Die Webseite ist zu finden über diesen Link https://www. AnleitungzumFehlschlag.de oder durch Scannen dieses QR-Codes – ich freue mich auf neue und inspirierende Begegnungen:

---

[5]Übrigens wusste schon Coco Chanel, dass das Scheitern völlig natürlich ist: „Erfolg wird meistens erreicht von denen, die nicht wissen, dass das Scheitern unausweichlich ist."

2

Ich bin kein Unternehmer

Die Frage zu beantworten, wie man Schwierigkeiten meistert: Das ist die unternehmerische Aufgabe.

Norman Rentrop

Inhaltsverzeichnis

Ich könnte mit vielen Fehlern beginnen, die gleich zu Anfang einem Start-up Probleme bereiten – beispielsweise Probleme im Team, Probleme mit dem Produkt oder Probleme mit Investoren Jedoch wenn es um den Beginn

© Springer Fachmedien Wiesbaden GmbH, ein Teil von Springer Nature 2020
C. Lexa, *Fail – Wie man als Start-up versagt,* Fit for Future, https://doi.org/10.1007/978-3-658-29807-4_2

geht, also gewissermaßen um die „Mutter des Scheiterns",
dann muss man viel früher ansetzen – am besten noch
vor der Gründung eines Start-ups, an dem Punkt, an dem
der oder die Gründer beschließen, sich überhaupt mit der
Gründung eines Start-ups zu befassen. Denn an diesem
Punkt geht es meistens noch nicht um die Faktoren, die
ein Unternehmen und sein Bestehen am Markt ausmachen. Vielmehr geht es um den oder die Gründer
selbst, also um die Frage, ob ein Bewusstsein dafür besteht,
dass ein Unternehmen geschaffen werden soll.

2.1   Eine typische Situation, die zu einer Gründungsidee führt

Stellen wir uns einmal eine typische Situation vor, wie
sie überall in Deutschland und wahrscheinlich auf der
ganzen Welt immer wieder passiert: Ein paar Menschen,
das Geschlecht ist egal, sitzen zusammen, vielleicht bei
einem Glas alkoholversetzter Flüssigkeit, und einer meint
plötzlich, dass er eine Idee habe. Man könnte doch dieses
oder jenes Produkt anbieten. Er habe selbst schon länger
nach einem solchen Produkt gesucht, es aber nicht finden
können. Das Problem würde die Situation X vereinfachen
und er sei sich sicher, dass sich das Produkt gut verkaufen
würde. Die übrigen Anwesenden finden die Idee ebenfalls
gut und lassen sich von der Begeisterung des Ideengebers
anstecken. Man beschließt, sich in den nächsten Tagen
wieder zu treffen, um tiefer in die Planungen einzusteigen.

In den nächsten Tagen wird die Idee nicht verworfen,
im Gegenteil. Die beteiligten Personen schmieden schon
erste Pläne, wo man günstig Bauteile für das Produkt
kaufen könne und wie die Webseite auszusehen habe, auf
der das Produkt angeboten wird. Und eine Idee für ein

Folgeprodukt wird auch schon in den Raum geworfen. Je mehr darüber geredet wird, umso mehr Begeisterung kommt auf. Am Ende sind alle überzeugt, hier das nächste „Must-have" gefunden zu haben. Schiefgehen kann eigentlich nichts.

2.2   Die Gefahr am Horizont

Verlassen wir an dieser Stelle die übereuphorische Gruppe von Menschen und suchen wir vielmehr einen ersten Hinweis auf das drohende Scheitern. Was oben geschildert wurde ist ziemlich typisch – und im ersten Moment auch gar nicht problematisch. Viele Ideen entstehen, ohne dass planvoll nach ihnen gesucht wurde, und aus solchen Ideen können fantastische Unternehmen entstehen. Allerdings liegt genau hier das Problem: Es können Unternehmen entstehen – und die Betonung liegt auf „Unternehmen".

Tatsächlich sind viele Gründer meiner Erfahrung nach von der Idee einer Gründung selbst fasziniert. Ein Produkt oder eine Dienstleistung entwickeln, sich zu überlegen, wie man diese mittels Online-Plattformen verkauft oder die schillernde Welt der sozialen Medien zum Verkauf nutzen oder der Traum von einem viralen ersten Video ähnlich dem von „DollarShaveClub.com"[1], was dann hilft, die Gründer überall bekannt zu machen – das klingt cool und hip und man kennt es aus den Berichten über diejenigen Start-ups, die Millionen über Millionen von Investoren eingesammelt und die Gründer reich gemacht haben.

Was aber vielen Gründer nicht oder nur vage bewusst ist, ist die Tatsache, dass die Entscheidung, ein

---

[1]https://www.youtube.com/watch?v=ZUG9qYTJMsI.

Unternehmen zu gründen, genau diese Konsequenz hat: ein Unternehmen zu gründen. Also nicht einfach nur ein hippes Start-up, dessen Produkte sich von selbst verkaufen und man von Magazinen und Zeitungen zu seinen Erfolgen befragt wird, sondern vielmehr ein Unternehmen im klassischen Sinne, mit Mitarbeitern, Meetings, Verkaufsgesprächen, Kunden und unternehmenseigenen Prozessen.

2.3   Was ein Unternehmen ausmacht

Ein Unternehmen zu haben, dieses zu leiten und weiterzuentwickeln hat nicht nur schöne Seiten. Bürokratie, lange Arbeitszeiten, Prozesse und die menschlichen Komponenten, sei es aufseiten der Mitarbeiter, sei es aufseiten der Lieferanten oder Kunden, sind Bereiche, die viele Gründer im Zeitpunkt der Gründer nicht umfassenden auf dem Schirm haben. Natürlich sind die meisten nicht so naiv, nicht an Marketing, Kunden oder Mitarbeiter zu denken. Aber die Tragweite, die ganze Dimension dieser Themen, ist ihnen oftmals nicht klar. Und woher auch – im Rahmen einer Ausbildung oder eines Studiums spielen diese Aspekte regelmäßig keine oder nur eine geringe Rolle. Der Aufstieg eines Mitarbeiters zur Führungskraft oder gar zum Unternehmer erfolgt durchweg ohne geplantes Vorgehen – es ergibt sich alles irgendwie und „gejammert wird nicht".

2.4 An der Selbsteinschätzung als Unternehmer scheitern

Wer nun mit dem Scheitern beginnen möchte, ohne dass er überhaupt so richtig mit einem Start-up angefangen hat, der sollte sich einfach nicht mit den Eigenschaften befassen, die jemand haben muss, der ein Unternehmen gründen, aufbauen und führen will. Denn in diesem Fall fehlen schon die Grundlagen, die es zum Unternehmer braucht. Und wenn das Fundament schon nicht passt, dann ist das Scheitern ja schon nahezu unausweichlich. Damit bleibt schließlich nur noch die Frage, mit welchen Eigenschaften man sich am besten gar nicht weiter befasst.

a. Versagensängste
Richtig gut für das Scheitern ist es, wenn ein Gründer wenig Selbstvertrauen und stattdessen eine große Angst hat, zu versagen. Denn sind wir ehrlich: Angst ist gut. Es kann ja auch viel schiefgehen und deswegen muss man Vorsorge treffen. Insbesondere die Verzagten, die für die stetigen Gefahren und Unsicherheiten brennen, sind geradezu prädestiniert zum gescheiterten Unternehmer. Denn sie werden sich in kein Abenteuer stützen, sondern vielmehr alles doppelt und dreifach überprüfen. Egal, ob dann Chancen verstreichen – was sie tun, ist auf jeden Fall abgesichert. Aber die Chance ist halt weg …

b. Durchhaltevermögen
Brauchen Gründer Ausdauer? Gut im Hinblick auf das Scheitern ist es auf jeden Fall, wenn alles schnell und präzise ablaufen und ein Plan unbedingt eingehalten werden muss. Denn der Spruch „Alles dauert länger als ursprünglich angenommen" ist wahrscheinlich eine der wahrsten. Wird er jedoch ignoriert, dann

bleiben Überraschungen nicht aus. Hat ein Gründer kein Interesse, trotz Verzögerungen und eventuellen Rückschlägen am Ball zu bleiben, dann wird er sicherlich schnell an seine Belastungsgrenzen kommen. Und ist dem Scheitern wieder ein Stück näher …

c. Begeisterungsfähigkeit

Braucht ein Kunde das neue Produkt oder die neue Dienstleistung des Gründers? Oftmals ist die Meinung eindeutig: „Das ist was Neues, das brauchen wir nicht!". Was macht ein Gründer nun am besten? Im Hinblick auf das Scheitern ist die Antwort klar: Am besten gleich einknicken, Depressionen entwickeln und insbesondere überzeugt davon sein, dass die Kunden Recht haben mit ihrer Meinung. Da das aber nicht reicht, sollten am besten gleich eventuelle Mitgründer, Teammitglieder, Geschäftspartner etc. auch darauf hingewiesen werden – und dann am besten auch gleich das eigene Energielevel entsprechend absenken. Begeisterung ist auf dem Weg zum Scheitern eher hinderlich. Denn so könnte man ja Schwierigkeiten, die sich einem in den Weg stellen, viel zu schnell übersehen …

d. Motivationsfähigkeit

Eng verbunden mit der Begeisterungsfähigkeit ist die Motivationsfähigkeit. Nichts ist letztendlich hinderlicher, wenn man genüsslich scheitern will, als Mitarbeiter, Kunden und Geschäftspartner, die richtig Lust haben, sich im Rahmen des zu gründenden oder in das gerade gegründete Unternehmen einzubringen. Am besten ist es deshalb, wenn man ihnen keine Gelegenheit gibt, ihr Engagement zu steigern bzw. das schon erbrachte Engagement ihnen gegenüber nicht würdigt. Motivation kann den Prozess des Scheiterns unnötig verlängern …

e. Flexibilität

Immer wieder werden Gründer mit veränderten Situationen konfrontiert. Insbesondere ein zu Beginn einer Gründung geschriebener Businessplan ist oftmals schon nach wenigen Monaten nicht mehr hilfreich, weil sich die Umstände zum Teil gravierend geändert haben können. Wie geht man nun mit so einer Situation um? Für denjenigen, der möglichst schnell scheitern will, gibt es nur eine Möglichkeit: stur am ursprünglichen Plan festhalten und auf gar keinen Fall sein Verhalten oder die Ausrichtung des Start-ups bzw. das Produkt ändern. Das flexible Reagieren auf veränderte Umstände kostet nur unnötig Energie, die man besser anderweitig investiert – zum Beispiel in Sport oder das Schreiben von Bewerbungsunterlagen, die man ja benötigt, wenn das Start-up nicht mehr existiert …

f. Kritikfähigkeit

Hilfreich für das Scheitern ist nicht nur eine gewisse Abneigung gegenüber Veränderungen, sondern auch eine gewisse Resistenz gegenüber den permanenten Nörgeleien von allen, die schon immer alles besser gewusst haben. Dazu gehören insbesondere potenzielle Investoren, Mentoren oder Organisationen wie zum Beispiel die Innovations- und Gründerzentren oder die IHKs. Denn diese machen mit ihren Erfahrungen bei der Begleitung von Gründern möglicherweise alles zunichte, was man als zum Scheitern bereiter Gründer sich in mühevoller energieloser Arbeit aufgebaut hat. Viel sinnvoller ist es, Kritik zu ignorieren oder, noch besser, ins Lächerliche zu ziehen. Das, gepaart mit einem locker hingeworfenen „Haters gonna hate", lässt einen schnell vergessen, dass es vielleicht Menschen mit mehr Wissen und Erfahrung gibt, als man selbst hat. Wer scheitern will, muss lernen, die Stimmen um sich herum auf lautlos zu stellen.

g. Entscheidungsfähigkeit

Es gibt immer wieder so viel zu entscheiden. Hört das nie auf? Oftmals nicht: Mitarbeiter wollen etwas, Kunden haben Wünsche, der Softwareentwicklung hat zwei Lösungsvorschläge für ein Problem erarbeitet – und alle kommen sie zum Gründer, damit er entscheidet, was nun gemacht wird. Nichts können die anderen selbst. Aber muss man eigentlich etwas entscheiden? Hilft man nicht vielmehr den anderen, wenn man nichts selbst entscheidet? Nur so kann man doch Verantwortung lernen. Und was ist, wenn man selbst einfach nicht in der Lage ist, Entscheidungen zu treffen? Das ist umso besser! Es gibt sowieso zu viele Möglichkeiten und Alternativen, man kann eigentlich gar nicht richtig entscheiden. Besser ist es, dann lieber gar nichts zu machen. Vielleicht trifft ja jemand anderes die Entscheidung für einen? Und wenn nicht: keine Entscheidungen, keine Folgen. Nur so kann es mit dem Scheitern klappen!

h. Führungsstärke

Führung bedeutet „führen". Das aber wiederum ist verbunden mit Empathie, mit Fairness, mit Selbstsicherheit, mit Verantwortungsbewusstsein und mit Motivation. Klingt erst einmal nicht so schlimm, es bedeutet aber auf der anderen Seite, dass man im Rampenlicht steht, eventuell Kritik aushalten und Entscheidungen treffen muss und darüber hinaus Vorbild für andere sein soll. Man könnte auch sagen: Das ist insgesamt ziemlich viel, was man im Rahmen von Führungsstärke umsetzen muss. Geht es gut, dann geht das Start-up in allen relevanten unternehmerischen Belangen in die richtige Richtung – und die Mitarbeiter, aber auch die Geschäftspartner und Wettbewerber kennen diese Richtung und bringen dem Start-up und dem Gründer einen gewissen Respekt entgegen. Und Führung bedeutet auch, dass man sich intensiv mit den beteiligten Menschen – und auch mit sich selbst – auseinandersetzen muss. Das klingt nicht nur anstrengend, das ist es auch. Deshalb gilt für alle diejenigen, die scheitern wollen: am besten sich erst gar nicht mit den Elementen guter Führung auseinandersetzen. Die Konsequenzen dieser Entscheidung werden schnell erkennbar werden …

i. Kreativität

Kreativität ist was für Designer oder Fotografen? Völlig richtig, wenn es ums Scheitern geht! Denn kreativ sein heißt ja bei einem Gründer, dass dieser in der Lage ist, bei kritischen Situationen oder im Rahmen von Entscheidungen eventuell auf eine Idee zu kommen, die so noch nicht gedacht wurde. Aber wenn sie so noch nicht gedacht wurde, heißt es ja nicht, dass sie erfolglos ist. Sie könnte ja gerade deshalb erfolgreich sein, weil sie innovativ ist. Will man Innovationen, wenn man scheitern möchte? Auf gar keinen Fall …

j. Kaufmännisches Wissen

Wenn ein Gründer kaufmännisches Wissen hat, dann kennt er sich mit den Finanzströmen in seinem Unternehmen aus, weiß etwas mit Buchhaltung anzufangen oder wird sich über Kennzahlen keinen Kopf machen. Letztendlich spielen insbesondere die monetären Faktoren in einem Start-up eine große Rolle. Denn insbesondere die Kontrolle, ob Rechnungen von Kunden bezahlt und man selbst Forderungen rechtzeitig beglichen hat, spielt dann eine Rolle, wenn es ums Geld geht – sei es für

Investitionen, sei es bei den Gehältern. Hier zu schludern und sich nicht auszukennen, ist fast schon eine Garantie für die schlimmste Form der Erfolglosigkeit – das endgültige Scheitern.

Weitere Informationen, Videos und Bonusinhalte

3

Kaufmännische und fachliche Kenntnisse – Wer braucht schon Wissen, wenn er ein Start-up haben kann

Wissen ist Macht.

Francis Bacon

Inhaltsverzeichnis

Im Kap. 2 wurden die Eigenschaften aufgeführt, bei deren Fehlen ein Scheitern als Gründer schon deshalb wahrscheinlich ist, weil es an persönlichem Fundament fehlt. Nun ist es aber so, dass viele Menschen aufgrund ihrer Eigenschaften und persönlichen Veranlagungen grundsätzlich geeignet wären, ein Start-up zu gründen und zu führen. Jedoch reicht es meiner Erfahrung nach nicht aus, die persönlichen Voraussetzungen mitzubringen. Besteht eine grundsätzliche Eignung zum Unternehmer, kann

© Springer Fachmedien Wiesbaden GmbH, ein Teil von Springer Nature 2020
C. Lexa, *Fail – Wie man als Start-up versagt*, Fit for Future,
https://doi.org/10.1007/978-3-658-29807-4_3

das Fehlen grundlegender fachlicher, insbesondere kauf-
männischer Kenntnisse sehr schnell alle Bemühungen hin
zu einem erfolgreichen Unternehmen zunichte machen.
Aus diesem Grund müssen wir uns jetzt ansehen, welche
Kenntnisse ein Unternehmer besser nicht haben sollte.

3.1   Fachliche Kenntnisse

Gar nicht so lange möchte ich mich dabei mit den fachlichen Kenntnissen aufhalten. Denn erfreulicherweise
überschätzen sich viele im Hinblick auf das, was sie an
Wissen haben bzw. was sie an Wissen benötigen, um ein
Start-up in einer bestimmten Branche zu gründen. Google
ist dabei natürlich eine große Hilfe, denn warum soll man
sich noch eine intensive Ausbildung zuführen, wenn man
doch einfach „alles googeln kann". Und ich verstehe das:
Wer eine App zur Bearbeitung der Buchhaltung oder zur
Identifikation von Krankheiten entwickeln und vertreiben
möchte, der braucht nicht viel über Buchhaltung oder
Medizin zu wissen – zumindest dann nicht, wenn er sein
Start-up möglichst schnell an die Wand fahren möchte.

3.2   Kaufmännische Kenntnisse

Vielmehr möchte ich auf die sog. kaufmännischen Kenntnisse zu sprechen kommen, weil diese unabhängig von der
Branche für alle Start-ups eine Rolle spielen. Vereinfacht
ausgedrückt handelt es sich dabei um Kenntnisse, die
nichts mit dem Fachwissen zu tun haben. Wer beispielsweise ein Fintech-Start-up gründen möchte, der sollte
sich mit den Bankregularien zumindest in ausreichendem
Maß auskennen. Das alleine aber wird nicht ausreichen,
um das Start-up zu führen, da es noch auf Kenntnisse in

anderen Bereichen ankommt, die nichts mit den fachlichen Kenntnissen zu tun haben. Will man also scheitern, dann schenkt man diesen Bereichen am besten so wenig Aufmerksamkeit wie möglich.

a. Planung

Ein Start-up erfordert eine gewisse Planung. Das gilt nicht nur für so offensichtliche Dinge wie eine Produktentwicklung oder eine Marketingkampagne, sondern auch zum Beispiel für Ausgaben-, Liquiditäts- oder die allgemeine Entwicklung des Start-ups, die sich im Allgemeinen in einem Businessplan wiederfindet.

Für denjenigen, der möglichst schnell das Scheitern anstrebt, habe ich auf jeden Fall im Hinblick auf den Businessplan gute Nachrichten: Immer häufiger kann man lesen, dass man einen Businessplan gar nicht braucht. Für Banken oder Förderungen „brauche man halt einen Businessplan, aber eigentlich weiß ja jeder, dass darin nichts Sinnvolles enthalten ist". Diese Aussage ist großartig, weil dadurch viele Gründer verleitet werden, sich über die kommenden 3 bis 5 Jahre gar keine Gedanken mehr zu machen. Würden sie es machen, dann würden sie vielleicht verstehen, dass ein Businessplan überhaupt mal zwingt, sich mit der Zukunft auseinanderzusetzen. Bei Änderungen wird der Businessplan angepasst, aber bis dahin bietet er Orientierung. Ein Verzicht auf den Businessplan bedeutet Verzicht auf Orientierung. Und wer schon mal ohne Karte oder Google Maps durch eine fremde Großstadt geirrt ist, der weiß, wohin fehlende Orientierung führen kann.

Und diese Ausführungen gelten natürlich grundsätzlich für alle Planungen. Planungen haben nämlich den unerwünschten Effekt, dass man sich neben der Orientierung auch zum Beispiel mit möglichen Unwägbarkeiten, Gefahren und Herausforderungen beschäftigt.

Allerdings kann man natürlich gar nicht alles absehen kann, was passieren kann. Dann kann man es aber auch gleich lassen.

b. Kalkulation

Einfach gesagt, geht es bei der Kalkulation um den Preis, den ein Start-up für sein Produkt oder seine Dienstleistung verlangen muss, um nicht nur die fixen und variablen Kosten zu decken, sondern auch noch den sog. „kalkulatorischen Unternehmerlohn"[1] zu erwirtschaften. Ist der Preis zu hoch, dann verkauft sich das Produkt nicht, ist der Preis zu niedrig, dann werden die Kosten nicht gedeckt. Verkompliziert wird die Situation noch, wenn Preise dynamisch kalkuliert werden müssen, sich also ständig ändern.

An dieser Stelle kann ein Scheitern leicht erreicht werden: Wer nicht in der Lage ist, seine Kosten so zu überschauen, dass er Verkaufspreise errechnet, die die Kosten tatsächlich nicht abdecken, kann irgendwann die entstehenden Verbindlichkeiten nicht mehr bedienen und wird damit vom Markt verschwinden.

Darüber hinaus kann ein Scheitern auch erreicht werden, wenn in einem Markt mit großem Wettbewerb die Folgen von Preiskämpfen für das eigene Start-up nicht erkannt und die Teilnahme an dem Preiskampf nicht rechtzeitig beendet wird.

---

[1]Als „kalkulatorischer Unternehmerlohn" wird ein fiktiver Lohn des Gründers selbst bezeichnet, der theoretisch erwirtschaftet werden muss, damit sich der Aufwand des Betriebs eines Start-ups im Vergleich zu einer Festanstellung rechnet. Diese Definition ist etwas vereinfacht, verdeutlicht aber die Idee dahinter: Wenn ein Start-up so viel erwirtschaftet, dass alle Ausgaben, Gehälter etc. bezahlt werden können, aber dann keine Ausschüttungen übrig bleiben, bedeutet das, dass letztendlich der Gründer selbst nichts durch das Start-up „verdient" hat. Es stellt sich dann ganz praktisch die Frage, warum das Start-up überhaupt betrieben wird.

c. Buchhaltung

Buchhaltung bedeutet die genaue und systematische Auf-
stellung aller Einnahmen und Ausgaben in einer Art
und Weise, dass die Geldströme in einem Start-up nachvollziehbar werden.

Profis im Scheitern wissen natürlich: Diese Arbeit ist
extrem unpopulär. Fehlt jedoch die Buchhaltung oder wird
sie schlampig und unvollständig betrieben, dann kann
es zu gravierenden Folgen zum Beispiel bei der Steuer-
erklärung kommen, was wiederum einem Start-up schnell
das Genick brechen kann. So führt eine ungenaue Buchhaltung schnell zu Schätzungen bei den Steuerforderungen
durch das Finanzamt, welche dann unnötig hoch ausfallen
und so dem Start-up das Genick brechen können.

d. Controlling

Beim Controlling geht es um die Analyse von dem, was in
allen Unternehmensbereichen passiert, und dem Gegen-
steuern, wenn die Entwicklungen ungünstig werden bzw.
drohen ungünstig zu werden.

Daraus ergeben sich aber Möglichkeiten für das
Scheitern: Wer sich mit Controlling nicht beschäftigt, der
wird regelmäßig zu spät von Fehlentwicklungen erfahren,
um noch auf diese reagieren zu können. Das Start-up ist
dann diesen Entwicklungen hilflos ausgeliefert und wird
möglicherweise von den Marktkräften weggefegt.

e. Steuern

Sich mit Steuern zu befassen ist meiner Erfahrung nach
nichts, was auf der Prioritätenliste von Gründern ganz
oben steht. Dazu kommt noch, dass Gründer oftmals auch
gar nicht wissen, welche Arten von Steuern es gibt und
welche von einem Start-up bezahlt werden müssen. Eine
typische Aussage ist: „Das macht mein Steuerberater."

In der Realität jedoch ergibt sich, insbesondere in Verbindung mit fehlender Planung, schnell eine toxische Situation. Denn Steuerforderungen sind nahezu unausweichlich. Können diese nicht oder nicht rechtzeitig bezahlt werden, dann werden schnell Säumniszuschläge oder Zinsen fällig. Irgendwann werden diese Forderungen so hoch, dass das Start-up in die Knie geht.

f. Recht
Genauso wenig, wie Gründer Steuerthemen mögen, mögen sie rechtliche Themen. Sich mit dem neuesten Produktdesign oder der nächsten Marketingkampagne zu beschäftigen ist viel reizvoller, als sich in trockene und schwer verständliche rechtliche Formulierungen einzuarbeiten.

Es kann jedoch leicht zu schwerwiegenden Konsequenzen kommen, wenn rechtliche Vorgaben nicht eingehalten werden. Das können Abmahnungen von Wettbewerbern sein, zivilrechtliche Klagen bis hin zu strafrechtlichen Ermittlungen und gegebenenfalls Verurteilungen. Wer sich mit den einschlägigen rechtlichen Regelungen nicht befasst, der bittet geradezu darum, scheitern zu dürfen.

Weitere Informationen, Videos und Bonusinhalte

4

Die Idee – Warum sie alles und das Business nichts ist

Eine Idee muss Wirklichkeit werden können, oder sie ist nur eine eitle Seifenblase.

Berthold Auerbach

Inhaltsverzeichnis

Am Anfang steht die Idee – und wer seine Idee sorgfältig genug wählt, kann schneller scheitern. Mangelhafte Kenntnisse, Fähigkeiten und die falschen Charaktereigenschaften sind schon mal eine gute Grundlage, wenn man eine Gründung von Anfang an in erfolglose Bahnen lenken will. Die Idee und der korrekte Umgang mit dieser Idee entscheiden jedoch letztendlich darüber, ob

© Springer Fachmedien Wiesbaden GmbH, ein Teil von Springer Nature 2020
C. Lexa, *Fail – Wie man als Start-up versagt,* Fit for Future,
https://doi.org/10.1007/978-3-658-29807-4_4

das Scheitern schnell gehen kann oder sich der Prozess unnötig in die Länge zieht.

Zuerst müssen wir uns jedoch ansehen, was eigentlich eine Geschäftsidee ist. Darunter ist allgemein ein Konzept zu verstehen, mit dem eine wirtschaftliche Existenz aufgebaut werden kann. Das klingt schon ein wenig danach, als wäre die Idee gar nicht so entscheidend, sondern nur ein Startpunkt in einem Prozess.

Jedoch gibt es meiner Erfahrung nach viele Gründer, die sich verleiten lassen von dem Mantra: „Erst mal mit einer Idee loslegen und dann weitersehen." Grundsätzlich ist ja das Anfangen gar nicht schlecht. Doch eines sollte doch klar sein: Wohin geht die Reise?

4.1   Was ist das Ziel hinter einer Idee

Wenn eine Geschäftsidee letztendlich ein Konzept darstellt, dann kann es nicht einfach nur eine Idee für ein Produkt oder eine Dienstleistung[1] bedeuten, sondern es muss mehr sein. Und tatsächlich ist es das auch. Eine Geschäftsidee könnte man somit als eine Produktidee, verbunden mit der Vision eines Unternehmens, bezeichnen. Und damit wird auch schon das Ziel erkennbar, nämlich ein Unternehmen zu betreiben, bei dem es insbesondere darauf ankommt, das Produkt an den Kunden zu bringen.

Nur weil jemand eine gute Idee hat, hat er noch kein Unternehmen. Denn wie sich später noch zeigen wird, kann es sich um eine völlig falsche Produktidee handeln in dem Sinn, das kein Markt besteht, die Kunden das Produkt nicht annehmen oder auch einfach die

---

[1]Im weiteren Verlauf wird nur noch von Produktideen gesprochen. Alle Ausführungen gelten aber natürlich auch für Ideen für Dienstleistungen.

Prozesse in dem neu gegründeten Unternehmen nicht so implementiert sind, dass das Unternehmen als „Wertschöpfungsinstrument" funktioniert.

Nichtsdestotrotz wird, wenn es um Gründungen geht, immer noch sehr viel Wert auf die „richtige" Idee gelegt. Ideenworkshops, Brainstorming Sessions für Geschäftsideen oder Ideenwettbewerbe vermitteln den Eindruck, dass das Wichtigste für einen Gründer die Idee ist. Das ist aber meiner Ansicht nach nur bedingt richtig, es sei denn, man will scheitern, dann ist die Idee, und nur die Idee, alles.

Damit nicht der falsche Eindruck entsteht: Natürlich ist eine Idee wichtig. Denn sie ist letztendlich der Funke, der eine Unternehmensgründung erst ins Rollen bringt. Es setzen sich ja nicht mal eben so ein paar Menschen zusammen und sagen: „Lass uns mal ein Unternehmen gründen. Was wir verkaufen werden, sehen wir später." Aber letztendlich geht es um die Frage, ob eine Idee als Geschäftsidee so tragfähig ist, dass sich daraus ein Unternehmen ergeben kann.

4.2 Der Abgleich einer Idee mit der Realität

Scheitern mit einer Idee setzt also eine gewisse Ignoranz voraus. Ein Gründer muss ignorieren, dass eine Idee letztendlich – zumindest in der Theorie – für ein Unternehmen gut sein muss. Was bedeutet das konkret?

Meiner Ansicht nach muss besonders viel Energie in die Ideenfindung gesteckt werden. Die Idee, zum Beispiel für ein Produkt, sollte bis in alle Details beschrieben sein – am besten handschriftlich, auf Papier. Und Gründer sollten immun gegenüber den Ewiggestrigen werden, die so Sätze murmeln wie „Die Idee macht nur 5 % aus, 95 % ist Umsetzung."

Denn würde es wirklich auf die Umsetzung ankommen, also die Überführung einer Geschäftsidee in ein Unternehmen, dann würde sich ja der Gründer mit ganz anderen Dingen auseinandersetzen, mit Kundenwünschen beispielsweise, deren Bedürfnissen und Problemen, mit der Funktionsweise von Märkten und eventuellen Ungleichgewichten oder sogar mit visionären neuen Märkten, die es bislang noch nicht gibt.

Eine Geschäftsidee müsste also – gedanklich – in ein fiktives Unternehmen implementiert werden, um zu simulieren, ob die Idee als Geschäft tragbar ist. Das könnte so geschehen, indem man Überlegungen anstellt beispielsweise dazu, ob das Produkt leicht zu bedienen ist. Man könnte auch über Vertriebswege nachdenken und über eventuelle Konkurrenzprodukte. Schließlich könnte man darüber nachdenken, was es kosten könnte, das Produkt herzustellen und zu welchem Preis man es eventuell verkaufen könnte. Natürlich wäre das alles nicht belastbar, sondern erst einmal „graue Theorie". Aber es würde einem Gründer vor Augen führen, mit was er sich auseinandersetzen muss, wenn er den Schritt von der Idee zu einem tatsächlichen Produkt in der realen Welt macht.

Doch an dieser Stelle wird dem am Scheitern Interessierten schnell klar: Was für ein Aufwand, was für ein sinnloser Einsatz von Zeit und gedanklicher Energie! Und uncool ist es auch noch, denn man muss sich ja mit den Details eines Unternehmens befassen. Da fehlt es an Glanz, da fehlt es an der Vision!

Besser ist es doch stattdessen, über die Vielzahl von Features des neuen Produkts zu sprechen, deren Fehlen in aktuellen Produkten den Kunden bislang eben nur noch nicht aufgefallen ist. Und wenn dann mal ein Nörgler kommt und tatsächlich etwas von einem fehlenden Markt redet, dann hat er halt keine Ahnung von den Umwälzungen, die das neue Produkt sich praktisch von selbst verkaufen lassen.

4.3   Scheitern mit einer Idee

Wie kann man nun schon konkret mit einer Idee scheitern? Dafür gibt es eine Vielzahl von Ansatzpunkten, die ich in den folgenden Beispielen anreißen möchte.

Zuerst kann man die Idee isoliert betrachten, ohne in seine Überlegungen einzubeziehen, dass aus der Idee ein Unternehmen entstehen muss. Salopp ausgedrückt: Ein vordergründig „cooles" Produkt macht noch kein Unternehmen. Das gelingt insbesondere dann gut, wenn man insbesondere die Faktoren, die ein Unternehmen ausmachen, wie Mitarbeiter, Vertrieb, Buchhaltung etc. souverän ignoriert.

Dann kann man darauf achten, dass das Produkt eigentlich für Kunden gar keinen Nutzen bringt.

Beispiel

Ich erinnere mich an zwei Gründer, die die Idee hatten, speziell designte Kleber für Laptopkameras zu vertreiben. Auf meine Frage hin, wer dafür Geld bezahlen soll, wenn man doch einfach ein Stück Papier auf die Kamera kleben könne, bekam ich als Antwort, dass die Kleber eben gut aussehen würden und jeder so einen Kleber „braucht". Das mit dem „gut aussehen" habe ich sogar verstanden, aber der Nutzen erschloss sich mir nicht. Hinter dieser Produktidee stand der Wunsch, ein Designobjekt zu erschaffen, nicht ein Produkt zu schaffen, das sich verkaufen lässt und für das es Käufer gibt. Ein Designobjekt zu erschaffen ist natürlich völlig in Ordnung, aber um ein Unternehmen zu erschaffen muss das Produkt auch verkauft werden können. Und wenn man gar nicht weiß, ob Kunden daran Interesse haben (und im vorliegenden Fall insbesondere gar nicht klar war, wie der Vertrieb funktionieren soll), dann wird es mit dem Verkauf schwierig. Daran ist diese Geschäftsidee dann letztendlich gescheitert.

Und schließlich ist es im Hinblick auf das Scheitern immer gut, sog. „verkaufshinderliche Faktoren" zu ignorieren. Damit ist gemeint, dass es manchmal Faktoren gibt, die dem Absatz eines Produktes entgegenstehen, auch wenn das Produkt auf den ersten Blick bestehend sinnvoll ist.

Beispiel

So hatten sich drei Gründer zusammengeschlossen und eine App entwickelt, auf der lokale Einzelhändler ihre Produkte einstellen konnten und sich so eine Art lokaler Marktplatz entwickeln würde. Die App hielt dann noch für die damalige Zeit ein paar interessante Features für die Kunden bereit, zum Beispiel eine Wegbeschreibung zu dem jeweiligen Ladengeschäft, in dem das gefundene Produkt angeboten wurde, In meinen Augen eine tolle Idee. Warum hat es nicht funktioniert? Die Gründer hatten zum einen ein paar Faktoren nicht berücksichtigt, die von ihnen und ihrer App nicht adressiert wurden. Dazu gehörte zum Beispiel eine allgemeine Abneigung des Einzelhandels gegen neue Online-Marktplätze. Denn das bedeutet ein weiteres Tool, um das man sich kümmern muss. Zum anderen hätten die Händler die Produkte selbst einstellen müssen, was im ersten Moment nicht nach einem Problem klingt. Aber um Produkte gut auf einem Foto wirken zu lassen, insbesondere wenn es sich um einen seriösen Einzelhändler handelt, muss man ein wenig Aufwand betreiben – einfach nur mal schnell ein Foto mit dem Handy zu machen, reicht diesen Händlern nicht aus. Mehr Aufwand bedeutet aber mehr Kosten und das wiederum drückt auf die Marge, was letztendlich den Sinn einer Nutzung dieser App für einen Händler aus seiner Sicht nicht sinnvoll erscheinen lässt. Sinnvoll wäre es für die Gründer deshalb gewesen, im Vorfeld überhaupt erst einmal die „Schmerzen" der Einzelhändler herauszufinden und insbesondere zu klären, welche Rolle zusätzliche Kosten spielen, wenn die Margen im stationären Einzelhandel für viele Produkte schon sehr gering sind. Da diese Faktoren im Vorfeld der Gründung nicht ausreichend recherchiert wurden, scheiterte konsequenterweise das junge Unternehmen.

Weitere Informationen, Videos und Bonusinhalte

5

Das Produkt – Wenn Märkte und Kunden keine Ahnung haben

Egal wie das Geschäftsmodell aussieht, es spielt keine Rolle, was irgendjemand davon hält, wenn die Kunden es nicht mögen.

Paul Gratton

Inhaltsverzeichnis

Jedes Jahr erblicken tausende von Produkten das Licht der Welt. Die meisten jedoch kommen entweder gar nicht in den Verkauf bzw. verschwinden nach kurzer Zeit wieder vom Markt. Die Gründe dafür sind meiner Ansicht nach einfach erklärt.

© Springer Fachmedien Wiesbaden GmbH, ein Teil von Springer
Nature 2020
C. Lexa, *Fail – Wie man als Start-up versagt*, Fit for Future,
https://doi.org/10.1007/978-3-658-29807-4_5

5.1 Skepsis gegenüber Veränderungen

Menschen neigen dazu, Veränderungen mit einer gewissen Scheu und Skepsis zu begegnen. Deshalb funktionieren ja Marken so gut, weil Kunden bei diesen (meistens) ausreichend genau wissen, wofür die Marken stehen und was sie als Kunden bekommen, wenn sie die Produkte der Marken kaufen. Das gilt übrigens auch dann, wenn das, wofür Marken grundsätzlich stehen sollten, gar nicht mehr da ist. Apple ist ein gutes Beispiel, stand diese Marke doch mal für konsequentes Design bei einfachster Anwendbarkeit und guter Funktionalität. Inzwischen zweifeln zwar immer mehr Techniker und Designer, ob diese Attribute tatsächlich bei den aktuellsten Produkten noch bestehen. Nichtsdestotrotz gibt es noch eine Menge Menschen, die bei Apple zuerst an perfektes Design und leichte Bedienbarkeit denken. Und auch McDonalds ist ein gutes Beispiel, denn obwohl dieses Unternehmen inzwischen mit seinen Frühstücks-Kaffee- und Salatangeboten weit weg ist von einem reinen Burger-Unternehmen, steht es doch immer noch für Hamburger und Big Mac.

Kommt nun ein neues Produkt auf den Markt, so greifen Kunden nicht einfach zu und kaufen dieses. Denn es ist ja erst einmal neu und es besteht eine gewisse Skepsis gegenüber dem Neuen – man weiß ja nicht, ob dieses neue Produkt wirklich „was taugt" und Vorteile bzw. Verbesserungen gegenüber bekannten Produkten bringt. Wer schon einmal die Diskussionen verfolgt hat, wenn Microsoft eine neue Version seiner Betriebssoftware herausbringt, weiß, wovon ich rede.

5.2 Kunden wissen nicht, was sie wollen

Damit ein neues Produkt nun möglichst erfolgreich an den Kunden gebracht werden kann, führen Unternehmen eine Menge Tests durch, befragen Kunden nach ihren Verbesserungswünschen bezüglich bestehenden und nach ihren Meinungen zu neuen Produkten und stecken dann noch eine Menge Geld in das Marketing und den Vertrieb, um potenzielle Kunden von den Vorzügen eines neuen Produkts zu überzeugen. Doch hier liegt auch ein Dilemma: Kunden wissen oftmals gar nicht, was sie haben wollen und insbesondere nicht, was sie an neuen Produkten haben wollen. Es gibt den schönen Spruch von Henry Ford, der das Auto „Modell T" produzierte: „Hätte ich die Menschen gefragt, was sie wollen, hätten sie geantwortet: Schnellere Pferde." Hier zeigt sich das von mir angesprochene Dilemma in ganzer Pracht: Es war den Menschen nicht klar, dass ihnen ein Automobil Vorteile bringt, weil sie ein solches Produkt gar nicht in ihr Denken einbezogen hatten. Gegen höhere Geschwindigkeiten hatten sie im Grunde gar nichts, doch sollte diese von schnelleren Pferden und nicht von etwas völlig Neuem wie einem Automobil herkommen.

5.3 Der Gründer weiß es besser

Hat man nun diese Problematik vor Augen, dann stellt sich nun die Frage, wie man als Gründer damit umgehen soll. Der geneigte Leser jedoch erkennt schon am Horizont die wunderbare Möglichkeit, an dieser Stelle das Scheitern zu beschleunigen. Und das hat wieder etwas mit Ignoranz zu tun oder besser mit der fatalen „Erkenntnis", dass Märkte und Kunden keine Ahnung haben, was sie wollen, der Gründer das aber genau weiß – natürlich ohne den ganzen Aufwand mit Befragungen, Recherchen und Tests.

Gründer tendieren dazu, ihr Produkt oder ihre Dienstleistung als wunderbar und absolut sinnvoll einzuschätzen – und insbesondere sind sie, naturgemäß, davon überzeugt, dass der Markt nur auf ihr Angebot gewartet hat. Und sie vergessen darüber hinaus, dass es auch eine gewissen Menge an Kunden bedarf, die das Angebot nutzen wollen. Alleine nur weil ein Produkt oder eine Dienstleistung toll ist, heißt das noch nicht, dass es sich erfolgreich verkauft.

5.4   Welches Problem wird gelöst?

Schauen wir uns das einmal genauer an. Die erste Frage, mit der man sich am besten nicht beschäftigt, ist die Frage nach dem Problem, welches durch das Produkt oder die Dienstleistung gelöst wird. Damit ein Markt bestehen kann, bedarf es eines Problems, oder auch eines Bedürfnisses. Airbnb ist an dieser Stelle ein gutes Beispiel. Bedarf es tatsächlich eines weiteren Buchungsportals für Übernachtungsmöglichkeiten? Wahrscheinlich nicht, wenn man mal bedenkt, dass wahrscheinlich alle weltweit vorhandenen Hotels über irgendwelche Plattformen erreichbar sind. Aber Menschen sind soziale Wesen und haben ein Interesse daran, sich mit anderen Menschen zu vernetzen und Teil von deren Leben zu sein. Und genau das bietet Airbnb, denn es geht nicht nur um einen Platz zum Übernachten – das bieten Hotels –, sondern man hat die Chance, in direkten Kontakt mit Privatpersonen zu treten, in deren Wohnung zu übernachten und von ihnen dann noch Tipps zu dem Ort, an dem man übernachtet, zu bekommen[1].

5.5 Scheitern am fehlenden Markt

Scheitern an dieser Stelle ist nun einfach zu erreichen. Man muss nämlich nur die Einstellung entwickeln, dass es schon Kunden für das eigene Angebot gibt, wenn es nur mal auf dem Markt ist. Sich mit einem Markt zu beschäftigen, die Angebote potenzieller Konkurrenten zu untersuchen und genau zu prüfen, ob das eigene Angebot überhaupt auf ein Problem oder ein Bedürfnis Bezug nimmt, ist letztendlich Zeitverschwendung, wenn die Entwicklung des Produkts doch so viel Spaß macht und die Webseite, auf dem das Angebot im Online-Shop zu finden ist, doch so schick ist!

Was insbesondere völlig unnötig ist, ist das Durchführen von Marktforschung. Denn am Ende könnte man ja dadurch feststellen, dass man mit seinem Produkt völlig falsch liegt und es keiner haben will. Abgesehen davon ist ja Marktforschung auch schon deshalb sinnlos, weil – wie oben dargestellt – Kunden sowieso nicht wissen, was sie wollen. Und nur weil einem die Ergebnisse aus der Marktforschung vielleicht Handlungsoptionen eröffnen oder zumindest vor Zeitverschwendung schützen, sollte man nicht voreilig diese Option in Betracht ziehen.

---

[1]Mir ist natürlich klar, dass inzwischen auch immer mehr professionelle Vermieter auf Airbnb zu finden sind. Das ändert jedoch nichts an der ursprünglichen Idee von Airbnb, die sogar noch „kleiner" gedacht wurde, denn es ging um die Vermietung von einem Schlafplatz auf Luftmatratzen.

> **Beispiel**
>
> Microsoft hat in dieser Hinsicht alles richtig gemacht, als es 2006 den Zune herausbrachte. Dieses Gerät zum Abspielen von Musik sollte Kunden ansprechen, die sich keinen iPod zulegen wollten, dem damals führenden Abspieler von digitaler Musik. Das Problem war jedoch, dass zu der Zeit, als der Zune-Player herauskam, die meisten Menschen einen iPod haben wollten! Denn Apple war hip und trendy und der iPod „das" Gerät. Andere Geräte wurden nur gekauft, wenn jemand nicht das Geld für einen iPod ausgeben konnte oder wollte – und dennoch meistens von einem iPod träumte – oder das Konkurrenzprodukt besondere Eigenschaften aufwies, über die der iPod nicht verfügte. Der Markt für den Zune-Player war somit von Anfang an sehr gering, insbesondere weil er gerade keine besonderen Vorteile im Hinblick auf das Abspielen von Musik gegenüber dem iPod aufwies. Er war zwar ein wenig günstiger, aber der Preisunterschied war uninteressant gegenüber der Tatsache, dass der iPod von Apple kam und der Zune „nur" von Microsoft. Zusammengefasst kann man sagen, dass kein Markt für den Zune bestand[2] und das ließ dieses Produkt, das sogar mit dem Zund HD als „iPod-Killer" gefeiert wurde, grandios scheitern.

5.6   Scheitern beim Timing

Besonders gut gelingt das Scheitern, wenn das Timing für ein bestimmtes Produkt nicht gut ist. Hiermit ist gemeint, dass das Produkt beispielsweise seiner Zeit so weit voraus ist, dass es noch niemand benutzen möchte oder nicht wie beabsichtigt benutzen konnte. Ein Beispiel hierfür sind Tablets:

---

[2]An dieser Stelle noch ein wichtiger Hinweis: Marktforschung und die Nutzung der Erkenntnisse hätte aus dem Zune sicherlich keinen Verkaufsschlager gemacht. Aber vielleicht wäre dadurch klarer geworden, ob es überhaupt eine hinreichend große Zahl an Kunden für das Produkt gibt. Mit einer negativen Antwort hätte Microsoft dann die weitere Entwicklung des Zune schneller stoppen können.

Beispiel

Tablets werden heutzutage auf vielfältigste Art und Weise verwendet, weil sie sich leicht mit dem Finger bedienen lassen. Informationen abrufen, Medien konsumieren oder auch Maschinen steuern – das kann man mit diesen Geräten sehr gut machen, insbesondere weil sie in verschiedenen Größen verfügbar sind, je nach den Wünschen und Bedürfnissen des Kunden. Allerdings gab es Tablets schon vor dem iPad, welches 2010 von Apple vorgestellt wurde. Denn Microsoft hat schon kurz nach der Jahrtausendwende ein Tablet präsentiert, was jedoch mit Windows XP lief und zur Bedienung einen Stift benötigte. Die ganze Steuerung war somit nicht auf die Besonderheiten eines Tablets optimiert. Eine Steuerung mittels Fingern ist dagegen doch viel komfortabler und funktioniert insbesondere auch dann, wenn der Stift nicht mehr auffindbar ist.

Ein anderes Beispiel für falsches Timing sind die sogenannten Net-PCs:

Beispiel

Die Idee, die Mitte der 90er-Jahre aufkam und unter anderem von Oracle unterstützt wurde, war ein abgespeckter Computer, der über das Internet auf Software zugreifen konnte. Allerdings waren die Preise dieser Computer, dafür, dass sie über geringere Leistung verfügten als die gängigen Modelle, zu teuer. Und noch ein Problem bestand: Die Internetverbindungen waren zu langsam, als das die Net-PCs dem Nutzer einen Vorteil bringen konnten[3].

---

[3]Google und andere Produzenten von Laptops wie Acer und Samsung hatten dann ab 2013 mehr Erfolg mit einer speziellen Form des Net-PCs, nämlich dem Chromebook, welches die Anwendungsprogramme durchweg als Application im Browser ausführen.

Zusammengefasst kann man sagen, dass es für das Scheitern absolut hilfreich ist, wenn sich ein Gründer am besten gar nicht anschaut, wie sich der Markt für sein Produkt und für ähnliche Produkte darstellt. Es heißt ja auch immer so schön: „Einfach machen, der Erfolg kommt dann schon." Und wenn es der Misserfolg ist …

Weitere Informationen, Videos und Bonusinhalte

6

Kundenbedürfnisse – Wenn der Kunde es nicht versteht, ist er selbst schuld

Das Geheimnis des Erfolges ist es, den Standpunkt des anderen zu verstehen.

Henry Ford

Inhaltsverzeichnis

© Springer Fachmedien Wiesbaden GmbH, ein Teil von Springer Nature 2020
C. Lexa, *Fail – Wie man als Start-up versagt,* Fit for Future,
https://doi.org/10.1007/978-3-658-29807-4_6

Eng verwandt mit dem Scheitern, weil es keinen Markt und keine Kunden für das Produkt gibt, ist das Scheitern, weil das Produkt nicht auf die Kundenbedürfnisse eingeht.

6.1 Kundenbedürfnisse und deren Befriedigung

Ein Produkt gibt es deshalb, weil es ein Bedürfnis von Kunden befriedigt. Deshalb sind Kunden bereit, Geld für das Produkt auszugeben. Wird kein Bedürfnis befriedigt, dann werden potenzielle Kunden kein Interesse an dem Produkt zeigen.

Nun besteht an dieser Stelle eine Gefahr. Denn allzu schnell schauen Gründer auf schon bestehende Produkte und sind der Ansicht, dass lediglich eine leichte Änderung der Bedienung, ein einfaches neues Feature oder ein etwas günstiger Preis Kunden generiert. Das kann sogar passieren! Doch die Frage ist natürlich, wie nachhaltig dies ist. Denn letztendlich kaufen die Kunden nicht das Produkt weil sie genau dieses Produkt brauchen, sondern weil es eines von mehreren ist, aus denen sie wählen können. Der Zwang aber, genau das Produkt der Gründer zu erwerben, besteht gerade nicht.

Erfolgreiche Produkte entstehen immer dann, wenn (neben Markt und Kunden, siehe oben unter Kap. 5) jemand ein Kundenbedürfnis entdeckt hat und dafür eine innovative Lösung entwickelt.

6.2   Die Liebe zur Produktidee

Wer jedoch als Gründer scheitern will, der beginnt mit einer Idee für ein Produkt, einfach weil er diese Idee gut findet. Ob tatsächlich ein Bedürfnis befriedigt wird, lässt man sofort außer Acht. Es macht doch einfach viel mehr Spaß, sich in eine Produktidee zu verlieben. Das ist doch auch verständlich, denn als Gründer ist man doch stolz auf seine eigene Idee. Es gibt zwar das Sprichwort „Liebe macht blind", aber das gilt natürlich nur für andere – wenn man überhaupt was auf so ein albernes Sprichwort geben will. Letztendlich muss doch das Produkt erst einmal den Gründern gefallen – warum sollte man sonst auch viel Zeit und Aufwand in das Produkt stecken, wenn es einem selbst nicht gefällt? Trevor Owens, Autor des Buchs „Lean Enterprise" [2], meinte dazu: „Der größte Fehler, den Gründer machen können, ist sich in ihre Idee zu verlieben." [4] Viel besser kann man es nicht ausdrücken. Aber wer ist schon Trevor Owens …

6.3   Arten von Kundenbedürfnissen

An dieser Stelle stellt sich nun die Frage, welche Kategorien an Kundenbedürfnissen es gibt. Meiner Ansicht nach sind dies drei: Die Beseitigung eines Schmerzes, die Herbeiführung eines Vorteils oder Fortschritts oder die Erledigung einer bestimmten Aufgabe.

Viele Kunden haben bestimmte Schmerzen oder Probleme, die ein Produkt beseitigen soll. So war beispielsweise der Kauf von Waren über Online-Plattformen mittels Kreditkarte oder anderen Zahlungsformen wie der Überweisung, nicht sonderlich komfortabel oder sogar ziemlich teuer. Der US-Zahlungsdienstleister PayPal schuf hier einen besonderen Service, bei dem Nutzer Geld an andere senden konnten unter Verwendung einer E-Mail-Adresse[1].

Sodann sind Kunden interessiert an der Erlangung von Vorteilen. So legen viele Menschen Wert auf ein gewisses Maß an Fitness. Den Besuch von Fitnessstudios aber scheuen sie. Spannend wäre es doch, wenn man zuhause diverse Fitnessübungen ausüben könnte, wobei sich dabei das Problem stellt, dass in einem Fitnessstudio nicht nur ein Trainer einem Übungen zeigt bzw. Übungen vorschlägt, die zu dem eigenen Fitnesslevel passen, sondern einen auch motivieren. Hier setzen Apps wie „Asana Rebel", „Freeletics" oder „Seven" an, die mehr oder weniger individuelle Workouts anbieten und über diverse Ansätze wie Communities oder Gamification den Nutzer motivieren, das Training nicht abzubrechen.

Schließlich gibt es noch das Bedürfnis, Standardaufgaben möglichst schnell, komfortabel oder einfach nur möglichst zuverlässig oder präzise durchzuführen. Ein Beispiel wäre hier die Sicherung von Daten auf einem Computer oder Smartphone. Vor nicht allzu langer Zeit musste eine Datensicherung mittels spezieller Soft- und Hardware durchgeführt werden. Dann kam Dropbox, die iCloud oder Microsoft OneDrive und der Nutzer bemerkt inzwischen nicht einmal mehr, dass seine Daten über solche Dienste gesichert werden.

---

[1]Und wer schon mal mit Freunden zu Abend in einem Restaurant gegessen hat und dann im Nachgang die Rechnung auseinanderdröseln und das Geld von den Freunden einfordern musste, der wird sofort den Nutzen einer App wie Venmo erkennen, mit der Geld besonders einfach verschickt werden kann. Der Dienst ist zwar nur in den USA verfügbar, aber inzwischen gibt es eine Vielzahl von Konkurrenzangeboten. Venmo war und ist so populär, dass es inzwischen sogar einen Ausdruck gibt, der es in die Umgangssprache geschafft hat: „Venmo me!" – also auf Deutsch ungefähr: „Schick mir das Geld über Venmo!".

Da Gründer diese unterschiedlichen Bedürfnisse speziell adressieren müssen, sollten am Scheitern Interessierte am besten gar nicht auf diese Bedürfnisse eingehen. Denn während es bei den Problemen von Kunden um deren Beseitigung geht, bei den Vorteilen um das gute Gefühl, das man durch diese erhält, und bei der Erledigung von Standardaufgaben um Effizienz[2], sollten Gründer ihre Energie vielmehr auf die isolierte Betrachtung ihres sicherlich weltbewegenden Produkts richten. Kunden werden dann schon erkennen, wie toll das eigene Produkt ist, wenn es erst einmal auf dem Markt ist. Immerhin kann man ja dann noch über das Marketing die Zielgruppe definieren, die mit dem Produkt angesprochen wird. Meistens ist ja das Produkt sowieso für alle Arten von Kunden interessant!

6.4   Schwierigkeiten beim Feststellen von Kundenbedürfnissen

Wenn an dieser Stelle nun ein Gründer meint, dass die Beschäftigung mit Bedürfnissen vielleicht doch sinnvoll ist, dem sei gesagt, dass bei genauer Betrachtung der Aufwand viel zu hoch ist – insbesondere, wenn man schnell scheitern möchte. Denn Bedürfnisse festzustellen ist oftmals nicht einfach. Manchmal sind Bedürfnisse zwar offensichtlich bzw. den Kunden bewusst. Wenn sie dann sogar schon eine Lösung für ihr Bedürfnis haben, müsste sich ja der Gründer mit der Konkurrenz auseinandersetzen.

---

[2]Einen guten Vergleich habe ich dazu auf der Webseite „The Founder's Playbook" gefunden. Dort ist dargestellt, dass Produkte für die drei Arten von Bedürfnissen mit Schmerztabletten, Eis und Reis verglichen werden können: Der Kunde kauft die Tablette, die am wirksamsten die Kopfschmerzen lindert, das Eis, das ihm am besten schmeckt und den Reis, der am billigsten ist (vgl.[3]).

Manchmal jedoch besteht ein Bedürfnis, für das die Kunden keine Lösung haben, weil es diese noch nicht gibt, die Kunden sie nicht kennen oder die Kunden keinen Zugang zu dieser Lösung haben. Hier ist klar, was der Gründer, der scheitern muss, tun sollte: Einfach nicht auf die Bedürfnisse eingehen. Ein gewisses Level an Ignoranz wirkt hier wieder wahre Wunder. Am leichtesten ist es natürlich, mit unbewussten Bedürfnissen umzugehen. Denn diese sind am schwersten zu erkennen. Über das, was also der Gründer nicht kennt, muss er sich keine Gedanken machen.

Erleichternd kommt hinzu, dass es oftmals gar nicht so einfach ist, das eine maßgebliche Bedürfnis zu identifizieren. Oftmals ist die erste Vermutung, die einem hinsichtlich eines Bedürfnisses einfällt, nicht zutreffend, sondern das Bedürfnis liegt – vielleicht sogar für den Kunden selbst – im Verborgenen. Der Kunde kann ein Bedürfnis äußern, meint aber tatsächlich etwas anderes, vielleicht sogar, weil er die Wahrheit über sein Bedürfnis nicht sagen möchte.

Beispiel

Ein interessanter Fall sind Kondome. Über den Einkauf von Kondomen wurde vor zehn, 15 Jahren nicht gerne gesprochen – dieses Thema war ein bisschen peinlich, obwohl die Anzahl der verkauften Kondome sehr hoch war. Das Unternehmen „einhorn" erkannte, dass die Kunden ein Bedürfnis hatten, welches so nicht geäußert wurde: Der Kondomkauf sollte hip sein, damit Kunden nicht mehr verschämt die Kondompackung auf das Einkaufsband an der Drogeriekasse legen mussten. einhorn entwickelte daraufhin eine außergewöhnliche Verpackung in der Art von Chipstüten. Was für ein Aufwand, nur weil man eine Idee von dem hatte, was Kunden wollen. All diese Schwierigkeiten liefern einem Gründer vielmehr die erforderlichen Gründe, sich erst gar nicht mit möglichen Bedürfnissen der Kunden zu beschäftigen.

6.5 Die schlimmste Situation für Gründer

Nur der Vollständigkeit halber sei gesagt, dass manchmal ein Gründer über eine Situation stolpert, die von Nathan Furr und Paul Ahlstrom in ihrem Buch „Nail it then scale it" [1] mit „monetizable pain" beschrieben wird, also mit einem Schmerz oder Bedürfnis, mit dem man Geld verdienen kann. Gründer, die an solchen Situationen kein Interesse haben, werden sich freuen, dass diese Situationen schnell erkannt werden. So muss zum einen das Bedürfnis bei einer Vielzahl von Menschen bestehen, es muss diesen Menschen wichtig sein, das Bedürfnis zu befriedigen und es darf derzeit keine zufriedenstellende Lösung geben, die sich mit der Bedürfnisbefriedigung befasst. Wenn ein Gründer eine solche Situation antrifft, dann kann es für ihn nur eines geben: So schnell wie möglich wieder in sein Zimmer oder Wohnung gehen und weiter davon träumen, dass seine Produktidee die Welt erobern wird. Am Ende könnte er ja sonst noch die Idee für ein Unternehmen haben, das mit seinem Produkt Kunden anspricht …

Weitere Informationen, Videos und Bonusinhalte

Literatur

1. Furr N, Ahlstrom P (2011) Nail It then scale it: the entrepreneur's guide to creating and managing breakthrough innovation. The National Institute for Systems Innovation (NISI), Canberra
2. Owens T, Fernandez O (2014) The lean enterprise: How corporations can innovate like start-ups. Wiley, Hoboken
3. www.founders-playbook.de/plausibility/customer-needs. Zugegriffen: 8. Dez. 2019
4. www.trevorowens.com/21-things-you-need-to-know-to-validate-your-Start-up-idea (Ziffer 9). Zugegriffen: 8. Dez. 2019

7

Verkaufen – Marketing und Vertrieb braucht kein Mensch

Unser Unternehmen lebt nicht von dem, was es produziert, sondern von dem, was es verkauft.

Lee Iacocca

Inhaltsverzeichnis

Wer bis hierher gekommen ist, der hat schon unzählige Möglichkeiten gefunden, eine ordentliche Basis für ein Scheitern seines Start-ups zu legen. Allerdings waren

© Springer Fachmedien Wiesbaden GmbH, ein Teil von Springer Nature 2020
C. Lexa, *Fail – Wie man als Start-up versagt,* Fit for Future,
https://doi.org/10.1007/978-3-658-29807-4_7

diese Möglichkeiten eher in Fähigkeiten, Wissen, Ideen, Märkten und Kundenbedürfnissen zu finden, also in den gedanklichen Überlegungen, die als Basis für das Start-up und sein Produkt in der harten Wirtschaftswelt dienen. Die fünf bisherigen Möglichkeiten zu scheitern setzen nämlich gar kein gegründetes Unternehmen oder ein aktuelles Produkt voraus. Vielmehr geht es um die Überlegungen, die bezüglich des Gründers und des Start-ups angestellt werden können.

Wie sieht es aber nun aus, wenn inzwischen ein Produkt und auch schon ein gegründetes Start-up bestehen? Nun, als Gründer kann man frohlocken, dann nun werden die Situationen, die zu einem Scheitern führen können, immer einfacher handhabbar!

Insbesondere wenn es um das Thema Verkaufen geht, sind die Fehler, die gemacht werden können, mannigfaltig. Ich möchte mich an dieser Stelle auf zwei Themen konzentrieren, weil es bei diesen mit dem Scheitern sehr schnell gehen kann, wenn man nur die Weichen entsprechend stellt. Es handelt sich dabei um das Marketing und den Vertrieb.

Viele Gründer haben von diesen beiden Themen schon gehört. Und tatsächlich entwickeln viele Gründer gerne Marketingkonzepte, denn es macht ja Spaß, ein wenig zu planen, über welche Kanäle ein Produkt verkauft wird. Aber Moment mal – Gründer planen Marketingaktivitäten, denn sie wollen über verschiedene Kanäle ihr Produkt verkaufen. Ist das nicht das Gleiche? Oder gibt es zwischen Marketing und Vertrieb Unterschiede? Schauen wir uns das einmal genauer an, damit klar wird, wo man wie ansetzen muss, um das Scheitern herbeizuführen.

7.1 Marketing

Um zu verstehen, was Marketing ist, muss man versuchen, Marketing zu definieren. Zwar gibt es eine Vielzahl von Definitionen, je nachdem, ob man Marketing von der Funktion im Unternehmen her betrachtet oder auf das Ziel von Marketing abstellt (unterschiedliche Definitionen des Begriffs „Marketing" finden man z. B. in [1–5]). Allerdings gibt es einen Grundkonsens, nach dem unter Marketing die Ausrichtung eines Unternehmens an den Bedürfnissen des Marktes zu verstehen ist.

Sinn von Marketing

Alle unternehmerischen Maßnahmen und Entscheidungen sollen das Ziel haben, die Erwartungen des Kunden zu erfüllen. Aus diesem Grund ist es Aufgabe des Marketings, Bedürfnisse des Marktes und der Kunden sowie deren Veränderungen zu erkennen. Marketing sorgt also dafür, dass mehr verkauft wird, indem es den Markt und potenzielle Kunden identifiziert, das Produkt bekannt macht und das Image verbessert. Fokussiert man sich auf die Aktivitäten, die zum Marketing gehören, dann fallen darunter Vertrieb, Werbung, Verkaufsförderung, PR, Service, Sponsoring, Präsentation, Beratung, Angebotsentwicklung, Innovationspolitik etc.

Damit ein definiertes Ziel durch Marketing erreicht werden kann, gibt es verschiedene Instrumente, die eingesetzt werden können. Die wichtigsten werden bezeichnet als die „4 P's", was aus dem Englischen kommt und für „Product", „Price", „Place" und „Promotion" steht. Im Deutschen werden die Begriffe Produkt-, Preis-, Distributions- und Kommunikationspolitik verwendet.

Unabhängig davon, wie man zum Begriff des Marketings steht, ist sicherlich klar geworden, dass es nicht nur im isolierte Aktivitäten geht, sondern um die Ausrichtung des

gesamten Unternehmens unter Verwendung unterschied-
lichster Aktivitäten und Instrumente zur Erreichung eines
bestimmten Ziels.

Um es noch einmal klarzustellen: Marketing ist weit
mehr als Werbung, auch wenn diese beiden Begriffe von
Gründern gerne unterschiedslos verwendet werden. Wie
oben dargestellt ist Werbung ein Teil des Marketings.
Werbung hat die Aufgabe, bei den identifizierten Kunden
und Kundengruppen im Sinne der jeweiligen gestellten
Aufgabe, z. B. Generierung von Nachfrage, Veränderung
des Images, Kommunikation von Alleinstellungs-
merkmalen etc. die Einstellung zu den Angeboten und
dem Unternehmen zu verändern. Zur Erreichung des
Ziels wird sich bedient bei verschiedenen Werbemitteln
und Werbeträgern, je nach Bedarf. Marketing dagegen ist
viel komplexer und umfassender.

7.2   Vertrieb

Vertrieb ist, wie oben dargestellt, ein Teil der Marketingaktivitäten. Er befasst sich vereinfacht ausgedrückt mit
dem Umsatz, also mit dem Umsetzen von Produkten
oder Dienstleistungen in Geld, in unmittelbarem Kontakt
zum Kunden. Die Funktion des Vertriebs ist es also,
Produkte und Dienstleistungen möglichst effizient an die
Kunden zu bringen. Wenn es die Aufgabe des Vertriebs
ist, die Produkte und Dienstleistungen zu den Kunden zu
bringen, dann ist es die Aufgabe des Marketings, die entsprechende Nachfrage nach den Produkten oder Dienstleistungen zu erzeugen.

Und da sich Vertrieb intensiv mit Kunden beschäftigt,
geht es dabei um die Identifizierung und das Ansprechen
von Interessenten, das Überzeugen und das Verkaufen,
eventuell um die Betreuung der Lieferung sowie um die Neu-
gewinnung von Kunden und den nachgelagerten Service.

Halten wir an dieser Stelle fest: Marketing schafft das Potenzial, Geld zu verdienen, und der Vertrieb besorgt dieses Geld.

Was kann nun ein Start-up machen, wenn es am Marketing und Vertrieb scheitern möchte? Das ist letztendlich gar nicht so schwer.

7.3   Ein Start-up braucht Kunden, die das Angebot erwerben

Am einfachsten geht es mit dem Scheitern, wenn Gründer nicht verstanden haben, dass am Ende möglichst viele Kunden das Produkt oder die Dienstleistung erwerben müssen. Wenn dieses Verständnis fehlt, dann wird dem Start-up sehr schnell das Geld ausgehen und weitere Aktivitäten werden nicht mehr möglich sein. Damit möglichst viele Kunden das Angebot des Start-ups erwerben, müssen diese wissen, um was für ein Angebot es sich handelt und dass es zu einem für sie akzeptablen Preis angeboten wird. Darüber hinaus muss das Angebot in den für die relevanten Kunden relevanten Kanälen gefunden werden. Damit das Angebot und der Kunde zusammenfinden, ist einiges an Vorarbeit zu leisten. So sind unter anderem die relevanten Kunden zu identifizieren und zu prüfen, welcher Preis auf welche Nachfrage trifft. Darüber hinaus ist zu klären, in welchen Kanälen überhaupt das Angebot zu sehen sein wird. Es wird schnell klar: Hier muss Aufwand betrieben werden.

Natürlich gibt es noch viel mehr zu planen. Jedoch finde ich es bemerkenswert, dass mir auf die Frage, für wen ein bestimmtes Angebot Sinn macht, oftmals geantwortet wird „Grundsätzlich kann das Produkt jeder gebrauchen". Das mag sogar stimmen. Aber die Frage ist doch, wer von dem Angebot angesprochen werden soll. Ganz bestimmt nicht alle, denn wie wir oben unter Kap. 6 schon gesehen haben, haben unterschiedliche Menschen unterschiedliche Bedürfnisse. Es kommt nur in ganz seltenen Fällen vor, dass tatsächlich jeder von einem Produkt oder einer Dienstleistung angesprochen wird. Meistens jedoch geht es um eine bestimmte Kundengruppe, die anzusprechen ist. Damit das jedoch möglich ist, muss diese Gruppe erst einmal identifiziert werden. Das jedoch wird von Gründern nicht immer gemacht. Fehlt es jedoch am Verständnis, wer die relevanten Kunden sind, dann wird es weiter schwierig, sinnvolle Aktivitäten zu entwickeln und zu klären, welche Werkzeuge zur Erreichung der Kunden eingesetzt werden können.

Schon Seneca wusste, dass für denjenigen, der den Hafen nicht kennt, kein Wind günstig ist. Genauso ist es auch mit dem Marketing. Nur eine Produktidee zu haben, dann das Produkt zu entwickeln und dann dieses über Facebook anzubieten ist einer der besten Wege, schnell zu scheitern. Denn auf diese Weise werden nur schwerlich die richtigen Kunden und damit Geld für weitere Aktivitäten generiert.

7.4   Auf komplexe Art scheitern

Wer nun als Gründer auf eine etwas komplexere Art scheitern möchte, der kann das machen, indem er ignoriert, dass hinter Marketing normalerweise ein Konzept steht, das von einer Idee und einem Ziel getragen ist und das zur Erreichung in abgestimmter Art und Weise verschiedene Aktivitäten und Werkzeuge einsetzt. Optimal für das Scheitern ist es, wenn statt einem Konzept nur verschiedene „Insellösungen" verwendet werden. So können sich Gründer entscheiden, viel Geld in Social

Media-Werbung zu investieren, ohne eigentlich zu wissen, welches Ziel mit dieser Werbung erreicht werden soll. Auch beliebt sind plötzlich auftretende PR-Aktivitäten, die zwar erst einmal Geld und Zeit kosten, dann aber wieder eingestellt werden, weil „keine Zeitung über uns schreibt". Warum sie das machen sollten, wird nicht hinterfragt, genauso wenig wie die Art der Informationen, die in PR-Materialien zu finden sind. Schließlich ist sehr beliebt, dass man für sein Produkt einen Online-Shop braucht, mit dem man sich dann über Wochen und Monate beschäftigt, damit der Shop technisch ausgereift ist und die Produkte möglichst ansprechend präsentiert werden. Keine große Rolle spielt jedoch, wie potenzielle Kunden zu dem Shop geleitet werden, die technischen Aspekte des Shops und der Angebotspräsentation werden vielmehr gerne isoliert betrachtet.

7.5 Scheitern im Vertrieb

Bleibt nun noch die Frage, was Gründer im Hinblick auf den Vertrieb falsch machen können, um die Existenz des Start-ups so kurz wie möglich zu gestalten. Aber auch das ist im Prinzip sehr einfach: Vertrieb bedeutet „ran an die Kunden". Jedoch erlebe ich es immer wieder, dass Gründer sich gar nicht so gerne mit Kunden abgeben. Die direkte Ansprache ist mühsam und das Interesse potenzieller Kunden fällt vielleicht nicht so groß aus, wie die Gründer sich das in der ersten Euphorie vorgestellt haben. Insbesondere die gefühlt permanente Ablehnung des eigenen Angebots kann im Laufe der Zeit für Frust sorgen. Ist das der Fall, dann dauert es nicht mehr lange und das Start-up verabschiedet sich vom Markt. Das Ziel ist damit erreicht, denn ohne Kunden kann es nicht zu Verkäufen kommen.

Gründer können es sich einfach machen und für sich prüfen, ob es ihnen Spaß macht, mit Begeisterung in direktem Kontakt mit potenziellen und tatsächlichen Kunden über ihr Angebot zu sprechen. Wenn schon allein der Gedanke an Umgang mit Kunden für Schweißausbrüche sorgt, dann ist das ein sehr gutes Indiz für ein zum Scheitern verdammtes Start-up.

Weitere Informationen, Videos und Bonusinhalte

Literatur

1. Esch F-R, Herrmann A, Sattler H (2008) Marketing – Eine managementorientierte Einführung, 2 Aufl. Vahlen, München
2. Kotler P, Armstrong G, Wong V, Saunders J (2010) Grundlagen des Marketing, 5 Aufl. Pearson Studium, München
3. Meffert H et al (2008) Marketing, 10. Aufl. Springer, Wiesbaden
4. https://www.gruenderszene.de/lexikon/begriffe/marketing. Zugegriffen: 3. Febr. 2020
5. https://wirtschaftslexikon.gabler.de/definition/marketing-39435. Zugegriffen: 3. Febr. 2020

8

Das Team – Mit Zwischenmenschlichem keine Zeit verschwenden

Wo es friert, da wächst nichts.

Julius Langbehn

Inhaltsverzeichnis

Fragt man sowohl Gründer, deren Start-ups gescheitert sind, als auch Investoren und Gründerberater, was einer der wichtigsten Gründe für das Scheitern von jungen Unternehmen ist, dann wird immer wieder ein Grund besonders hervorgehoben: Probleme innerhalb des Teams. Damit wir verstehen, was es mit diesem Grund auf sich hat und warum er so häufig genannt wird in Bezug auf das Scheitern, müssen wir uns diesen Grund genauer ansehen.

© Springer Fachmedien Wiesbaden GmbH, ein Teil von Springer
Nature 2020
C. Lexa, *Fail – Wie man als Start-up versagt,* Fit for Future,
https://doi.org/10.1007/978-3-658-29807-4_8

Bevor wir aber in die Details gehen, müssen darüber hinaus zwei Ebenen unterschieden werden. Zum einen geht es um das Gründerteam, also diejenigen Personen, die sich zusammenschließen, um als Gruppe ein Unternehmen zu gründen. Zum anderen geht es um alle Mitarbeiter eines Start-ups als Team, also um die Gesamtheit von Gründern und sonstigen Mitarbeitern.

8.1 Homogene und komplementäre Gründerteams

Die Herausforderungen, die ein Start-up an das Team der Gründer stellt, sind so zahlreich, dass ich im Rahmen dieser Darstellung gar nicht auf alle eingehen kann. Allerdings kann ich ein paar ausgewählte Situationen herausstellen, in denen die Chance auf ein Scheitern besonders hoch ist. Für am Scheitern Interessierte ist es sicherlich besonders sinnvoll, sich auf diese Situationen zu konzentrieren.

Eine Situation, die ich immer wieder erlebe, ist die der hinsichtlich des Wissens und der Ausbildung homogenen Gründerteams. Das sind Teams, bei denen die einzelnen Mitglieder, also die Gründer, ähnliche oder sogar gleiche Stärken haben. Das kann der Fall sein hinsichtlich des Ausbildungs- und Wissensstands, aber auch hinsichtlich der Charaktereigenschaft und der Persönlichkeit. Ich selbst erlebe immer wieder Gründerteams, die zum Beispiel aus mehreren Programmierern oder Ingenieuren bestehen. Diese kennen sich beispielsweise mit Software oder mit der Anwendung von Programmen und mit Physik aus. Darüber hinaus erlebe ich manchmal Teams, die aus mehreren sehr stillen Personen bestehen. Was kann daran problematisch sein?

a. Vergleichbarer Ausbildungs- und Wissensstand

Besteht ein Gründerteam aus mehreren Personen mit gleicher Ausbildung, wie es bei studentischen Gründungen oftmals der Fall ist, so haben diese Personen regelmäßig einen ähnlichen oder gleichen Wissensstand in dem Bereich, in dem sie ihr Start-up gründen wollen. Allerdings ist das nicht ausreichend. Denn in einem Start-up werden unterschiedliche Kenntnisse benötigt, wie zum Beispiel im Bereich IT, Buchhaltung, Personal- wesen, Marketing oder Controlling. Liegen die Kenntnisse der Gründer aber verstärkt oder ausschließlich in einem Bereich, dann bestehen Lücken in den anderen Bereichen.

Jetzt kann man natürlich schnell auf die Idee kommen, dass fehlende Leistungen ja auch eingekauft werden können. Und das ist richtig, bringt aber Nach- teile mit sich. Zum einen kostet der Einkauf Geld, zum anderen ist das Gründerteam dann darauf angewiesen, dass die zugekauften Leistungen auch ausreichend sind. Das aber zu identifizieren wird schwer, denn es besteht ja gerade keine Kenntnis in den Bereichen, die hinzu- gekauft werden. Wie soll dann aber kontrolliert werden, ob die eingekauften Leistungen ausreichend sind[1]? Wer als Gründer einem Scheitern Vorschub leisten will, achtet also darauf, dass der Wissensstand der Gründer möglichst

---

[1]Die Problematik, die dieser Frage zugrunde liegt, wird unter vielen Begriffen diskutiert, u. a. „blind spot" (vgl. beispielsweise [1]), „unknown unknowns" (so bezeichnet von Donald Rumsfeld, ehemaliger Verteidigungsminister der Vereinigten Staaten von Amerika) oder auch „Dunning-Kruger-Effekt" (vgl. beispielsweise [2] und [5]). Diese Diskussionen sind nicht unumstritten. Sie sich anzusehen ist aber zumindest dann lehrreich, wenn man sich mit der Ursache von unterschiedlichen „Realitäten" beschäftigen will. Außerdem sind die Diskussionen hilfreich, um eine kStart-uplug klingende Begründung für die Unfähigkeit der Gründerkollegen, ihre Defizite zu erkennen, geben zu können.…

vergleichbar und darüber hinaus wenig sonstige Wissensbereiche abgedeckt sind.

b. Vergleichbare Charaktere im Gründerteam

Eine andere Situation, die ich selbst in meinen Beratungen erleben durfte, sind Gründerteams, bei denen sich die Mitglieder charakterlich ähnlich sind oder ähnliche Persönlichkeiten aufweisen. Damit ist beispielsweise gemeint, dass die Gründer ungern streiten, lieber in Ruhe an ihrem Arbeitsplatz sitzen und am Computer Software programmieren oder auch gerne im Rampenlicht stehen und jedem von seinem tollen neuen Produkt erzählt. Diese Situation ist vergleichbar mit der eben geschilderten, in der Gründer einen ähnlichen oder gleichen Wissensstand haben. In einem Start-up werden unterschiedliche Persönlichkeiten gebraucht. Wie diese zu charakterisieren sind, wird unterschiedlich diskutiert. Allerdings ist es sicherlich hilfreich, einen Innovator, einen Visionär, einen Macher, einen Netzwerker, einen Analytiker und einen Teamplayer im Gründerteam zu haben. Diese Charaktere müssen nicht unterschiedliche Personen sein, es können auch mehrere Charaktere in einer Person vereint sein. Wichtig ist nur, dass diverse Persönlichkeitsbereiche abgedeckt werden, da der Umgang mit Mitarbeitern, der Verkauf an Kunden und die Präsentation von neuen Produktfeatures unterschiedliche Eigenschaften in Personen erfordern.

Auch hier besteht natürlich die Möglichkeit, fehlende Charaktere „einzukaufen", indem man beispielsweise entsprechende Mitarbeiter einstellt und diesen passende Rollen im Unternehmen zuweist. Allerdings setzt das voraus, dass die Gründer auch auf diese Rollen verzichten können. Es ist für mich immer sehr bedauerlich, wenn ich erkenne, dass ein Gründer gerne eine bestimmte Rolle einnehmen würde, diese aber nicht ausfüllen kann. Ich erinnere mich dabei an ein Gründerteam, in dem ein Gründer unbedingt die Außenkommunikation übernehmen wollte, er aber nicht in der Lage war, eine mitreißende oder zumindest ansprechende Präsentation zu halten, die die Mindestvoraussetzungen einer guten Rede erfüllte[2]. Um das Scheitern zu fördern sollten Gründer deshalb darauf achten, dass die Charaktere in einem Gründerteam eine gewisse Homogenität aufweisen. Probleme sind dann fast schon vorprogrammiert.

c. Motivation und Fokus

Eine letzte Situation, die ich ansprechen möchte, ist die der sich ändernden Motivation und des ändernden Fokus. Damit die Darstellung nicht ausufert, werde ich diese beiden Situationen gemeinsam besprechen, wissend, dass es im Detail Unterschiede gibt. Um eine Idee zu bekommen, worauf man im Hinblick auf das Scheitern achten sollte, genügt aber meiner Ansicht nach diese Darstellung.

Ich erlebe immer wieder die Situation, insbesondere bei Gründern, die während oder kurz nach dem Studium gründen, dass sich aufgrund von Partnerwahl, Kindern oder sonstigen Veränderungen das Interesse am Start-up ändert. Auch hier könnte man nun sagen, dass eben die Gründer über sich und ihre Einstellung reden müssen. Aber das ist leichter gesagt als getan.

---

[2]Wer Angst davor hat, dass er sich im öffentlichen Reden verbessern könnte, sollte insbesondere einen Bogen um die „Toastmasters" machen, einer Organisation mit über 350.000 Mitgliedern weltweit und alleine in Deutschland über 100 Clubs in den meisten größeren Städten.

> **Beispiel**
>
> Ich habe ein Start-up beraten, das nach ca. 1,5 Jahren des
> Bestehens Probleme bekam. Das Start-up hatte die Idee,
> ein besonderes Gerät zur Abtastung von Oberflächen
> zu entwickeln. Der Umgang untereinander war ziem-
> lich locker, aber Einnahmen aus dem Verkauf der Geräte
> waren noch in weiter Ferne. Allerdings änderte sich die
> Situation irgendwann, weil ein Gründer immer stärker den
> Fokus auf mögliche Einnahmen legte, auch wenn diese Ein-
> nahmen nur am Rande des Geschäftszwecks und nicht im
> eigentlichen Fokus des Unternehmens auftauchten. Erst
> nach einiger Zeit wurde festgestellt, dass dieser Gründer
> ein Haus erworben und den Kaufpreis finanziert hatte. Das
> führte aber dazu, dass sein Interesse an regelmäßigen Ein-
> nahmen stark stieg und er sich schließlich von dem Start-up
> abwandte und sich eine Arbeit bei einem größeren Mittel-
> ständler suchte. Da seine Kenntnisse in dem Start-up
> jedoch essentiell waren und nicht schnell genug Ersatz für
> ihn gefunden werden konnte, mussten die verbleibenden
> Gründer das Start-up beenden.

Darüber hinaus gibt es natürlich noch viele andere
Situationen, die Probleme verursachen können und die
mit Fokus und Motivation zu tun haben. So müssen
Gründer besonders viel Ausdauer an den Tag legen, denn
oftmals dauert es, bis ein Start-up erfolgreich ist, also insbesondere ausreichend Einnahmen generiert, dass es für
die Gründer interessanter ist, in dem Start-up weiter tätig
zu sein, als sich eine andere Tätigkeit zu suchen. Viele
Gründer können aber diese Ausdauer nicht aufbringen
und entwickeln dann anderweitige Interessen. Und dann
gibt es natürlich noch die Gründerteams, die einfach nur
in Streit geraten und nicht in der Lage sind, den Streit
zu beseitigen, weil sie beispielsweise nicht gelernt haben,
wie sie richtig streiten, dass es nicht zu Verletzungen auf
der persönlichen Ebene kommt. Ist die Atmosphäre aber

erst einmal mit einem Streit vergiftet, bedarf es großer Anstrengungen, die Atmosphäre wieder zu reinigen.

Der geneigte Leser hat sicherlich schon erkannt, dass es viele Möglichkeiten gibt, ein Gründerteam aus der Balance zu bringen. Sind die Gründer nicht in der Lage, diese Balance wieder herzustellen, dann ist die Chance auf ein Scheitern besonders groß, denn das Gründerteam ist das Fundament eines jeden Start-ups.

8.2 Das erweiterte Team – Gründer und die Mitarbeiter

Sind die zwischenmenschlichen Herausforderungen im Gründerteam schon zahlreich, so kann die Gesamtsituation noch verkompliziert werden, wenn Mitarbeiter vorhanden sind. Denn auch diese haben ihre ganz eigenen Interessen und Motivationen, was in einem Start-up schnell für Schwierigkeiten sorgen kann.

Dabei will ich an dieser Stelle nicht eingehen auf klassische Probleme wie die Auswahl der richtigen Mitarbeiter, dass ihre Kenntnisse zu der ihnen zugedachten Rolle im Unternehmen passen müssen oder dass Einstellungen und Entlassungen nicht zu schnell oder zu langsam erfolgen. Mit geht es vielmehr um die feineren, zwischenmenschlich problematischen Situationen.

a. Mitarbeiter allein lassen

Eine davon liegt beispielsweise vor, wenn Mitarbeiter im Start-up allein gelassen werden. Ihnen wird nicht nur nicht erklärt, was sie eigentlich machen sollen, sondern auch nicht mitgeteilt, was von ihnen darüber hinaus erwartet wird. Die Folge ist, dass die Motivation dieser Mitarbeiter schnell sinkt. Sehen sie dann für sich andere

Perspektiven, sei es im Privatleben, sei es im Berufsleben, dann kommt schnell der Abschied – sei es in Form einer „inneren Kündigung"[3] (vgl. [3] und [4]), sei es in Form einer tatsächlichen Kündigung. In jedem Fall erbringt der Mitarbeiter nicht die erforderliche Leistung, was insbesondere bei wenigen Personen im Team zu erhöhten Belastungen oder Ausfällen bei den anderen führen kann.

b. Die Kultur in einem Start-up

Eine andere Situation liegt vor, wenn es zu Problemen bei der Kultur des Start-ups kommt. Dabei ist es regelmäßig schwer zu definieren, was die „Kultur" ausmacht – jeder hat ein gewisses Gefühl, was Kultur ausmacht, aber es ist oftmals schwierig, diese anderen gegenüber ausreichend darzustellen. Möglich ist es jedoch, einzelne Elemente zu benennen, die in der Gesamtheit die Kultur ausmachen. Diese sind typischerweise das Verhalten der Führungspersonen, die Organisation des Arbeitsalltags der Mitarbeiter, die Wertschätzung, die in dem Start-up herrscht, die Werte, die gelebt werden, die Vorbilder, die bestehen und an denen sich Mitarbeiter orientieren können sowie das Vorleben bestimmter Verhaltensweisen, also Tun oder Unterlassen.

Allgemein kann man sagen, dass die Kultur eines Unternehmens in einem gemeinsamen Muster des Denkens, Fühlens und Handelns sowie der die vermittelnden Normen, Werte und Symbole innerhalb des Unternehmens verstanden wird und diese Werte, Normen und Einstellungen die Entscheidungen, die Handlungen und das Verhalten aller Mitarbeiter prägen und sich

---

[3]Als „innere Kündigung" bezeichnet man den Zustand bei einem Mitarbeiter, dem das Unternehmen, bei dem er arbeitet, egal geworden ist. Er macht nur noch „Dienst nach Vorschrift" (oder nicht einmal mehr das) und engagiert sich nicht mehr für das Unternehmen.

auf alle Ebenen des Unternehmens, beispielsweise beim Treffen von Entscheidungen, der Führung sowie den Beziehungen zu Mitarbeitern, Kunden und Lieferanten auswirkt.

Was den Umgang mit der Kultur so schwierig macht, ist einerseits das Erkennen, welche Kultur überhaupt vorherrscht. Viele Gründer haben Idealbilder im Kopf, die in der Realität, also in ihrem Start-up, nicht bestehen. Andererseits kann es schwierig sein, eine bestimmte Kultur zu ändern.

Insbesondere den letzten Fall habe ich in der Praxis erlebt.

Beispiel

Die Mitarbeiter in einem Start-up waren es gewohnt, dass die Gründer entscheiden, was in dem Start-up zu tun ist. Im Laufe der Zeit wurden immer mehr Mitarbeiter eingestellt, sodass die Gründer neue Hierarchieebenen einführten und die Idee hatten, den Mitarbeitern, die vorher nichts selbst entscheiden durften, mehr Entscheidungsfreiheiten zuzubilligen, diese sogar einzufordern. Dass die Mitarbeiter von dieser Situation überfordert waren, wird sicherlich schnell klar: Durften sie tatsächlich entscheiden, was für Konsequenzen haben schlechte Entscheidungen und wie ist mit Entscheidungskollisionen umzugehen? Das waren nur ein paar der Fragen, mit denen die betroffenen Mitarbeiter nun konfrontiert und auf die sie nicht ausreichend vorbereitet waren. Es fehlte an der entsprechenden Kultur im Unternehmen, dass Mitarbeiter Entscheidungen treffen können – und dies auch wollen.

Wollen Gründer scheitern, dann dürfen sie nicht auf die zwischenmenschlichen Töne hören, die in einem Start-up herrschen. Fehlt es an Enthusiasmus und Freude sowie an motivierten Mitarbeitern, dann ist das ein deutliches Zeichen für Probleme – dieses Start-up wird mit einer gewissen Wahrscheinlichkeit in schweres Fahrwasser geraten.

Weitere Informationen, Videos und Bonusinhalte

Literatur

1. Banaji MR, Greenwald AG (2016) Blindspot: hidden biases of good people. Bantam, New York
2. Dunning D, Johnson K, Ehrlinger J, Kruger J (2003) Why people fail to recognize their own incompetence. Curr Dir Psychol Sci 12(3):83–87. doi:10.1111/1467-8721.01235. https://www.sscnet.ucla.edu/comm/kjohnson/Lab/Publications_files/Dunning,%20Johnson,%20et%20al.%20%28200%230
3. Elsik W (1994) Innere Kündigung. In: Dichtl E, Issing O (Hrsg) Vahlens Großes Wirtschaftslexikon, Bd 2. Beck, München
4. Franke M (o. J.) Innere Kündigung – Der Anfang vom Ende oder ein Neuanfang? https://arbeits-abc.de/innere-kuendigung/. Zugegriffen: 6. Dez. 2019
5. Kruger J, Dunning D (1999) Unskilled and unaware of it. How difficulties in recognizing one's own incompetence lead to inflated self-assessments. J Person Soc Psychol 77(6):1121–1134

9

Führung – Endlich Autorität leben

Führen heißt vor allem, Leben in den Menschen wecken,
Leben aus ihnen hervorlocken.

Anselm Grün

Inhaltsverzeichnis

Es heißt ja immer, dass der Fisch vom Kopf her stinkt. Diesen Satz kann man gut auf ein Start-up übertragen. Start-ups scheitern aus den verschiedensten Gründen, aber viele Ursachen liegen darin begründet, wie Führung ausgeübt wird. Bevor aber beurteilt werden kann, ob die Führung in einem Start-up gut oder zur Herbeiführung

© Springer Fachmedien Wiesbaden GmbH, ein Teil von Springer
Nature 2020
C. Lexa, *Fail – Wie man als Start-up versagt,* Fit for Future,
https://doi.org/10.1007/978-3-658-29807-4_9

des Scheiterns ausreichend schlecht ist, muss geklärt werden, was Führung überhaupt ist.

Eine Definition von Führung zu finden ist nicht einfach (zum Begriff „Führung" (vgl. beispielsweise [1] und [2]). Das liegt daran, dass man sich Führung von unterschiedlichen Ebenen nähern kann. Ich würde bei Führung eher umfassend von der Fähigkeit sprechen, eine Richtung und ein Ziel für das Start-up im Allgemeinen, aber auch in einzelnen Bereichen vorzugeben, andere im Sinne dieser Richtung und dieses Ziels zu beeinflussen, zu motivieren sowie zu einem Handeln zu bringen und schließlich Verantwortlichkeiten festzulegen und jemanden daran festzuhalten.

Darüber hinaus macht es noch Sinn sich anzusehen, wer der Adressat von Führung ist. Gerne wird hier von Gründern der Fehler gemacht zu meinen, dass sich Führung nur von der Geschäftsführung an die Mitarbeiter richtet. Tatsächlich richtet sich Führung jedoch neben den Mitarbeitern auch an das Start-up oder dortige Organisationseinheiten und an die Mitarbeiter selbst, die Führung ausüben.

Alles in allem bietet also das Thema Führung wunderbare Gelegenheiten, ein Start-up in den Untergang zu treiben. Schauen wir uns deshalb zwei wichtige Bereiche an, in denen es für Gründer leicht ist, gar keine bzw. falsche Anreize im Hinblick auf Führung zu setzen und so das Scheitern schnell herbeizuführen.

9.1 Komplett fehlende Führung

Besonders leicht gelingt das auf mangelhafte Führung basierende Scheitern, wenn Gründer Führung vollständig ignorieren. Damit meine ich die in Start-ups immer wieder anzutreffende Meinung, dass Führung „gar nicht nötig ist, denn die Mitarbeiter wissen schon selbst, was sie tun müssen". Das halte ich für einen spannenden Ansatz – und zwar gar nicht deshalb, weil ich der Ansicht bin, dass sich Mitarbeiter nicht selbst organisieren können. Das Gegenteil ist der Fall: Ich denke, dass es gut möglich ist, dass sich Mitarbeiter selbst organisieren. Aber das ist doch nicht Führung! Bei Führung geht es darum, eine Richtung vorzugeben, andere in diese Richtung mitzunehmen und zu einem bestimmten Handeln zu motivieren. Wie soll das gehen, wenn man die Mitarbeiter sich selbst überlässt?

> Führen bedeutet nicht allein Steuerung, sondern Führung gibt einen stabilen Rahmen zur Förderung und zur Befähigung von Mitarbeitern vor. Mitarbeiter suchen ihren Platz in einem Unternehmen, was natürlich auch für ein Start-up gilt. Aus diesem Grund ist es wichtig, dass für die Mitarbeiter klar ist, welche Ziele es in einem Start-up gibt und wie es organisiert ist.

Mitarbeiter müssen wissen, worauf sie sich einlassen, was von ihnen erwartet wird, wer zuständig ist für Entscheidungen (möglicherweise sind das die Mitarbeiter selbst, aber dann müssen sie die Parameter kennen, denen ihre Entscheidungen unterliegen sollen) und wie die Entscheidungen kontrolliert werden. Insbesondere der letzte Punkt ist wichtig, denn Mitarbeiter wollen sich weiterentwickeln, weshalb auch deren Entwicklung beobachtet und je nach Entwicklung gefördert werden muss (bzw. soll). Soll das Start-up scheitern, dann lässt man am besten die Mitarbeiter im Unklaren, wo eigentlich die Reise hingeht. Frust wird sich schnell breit machen und die Mitarbeiter suchen sich neue Aufgaben.

9.2   Führung und Kommunikation

Jetzt klingt das alles ziemlich theoretisch. Was können Gründer nun konkret machen, um im Hinblick auf Führung zu scheitern? Ich würde darauf antworten, dass sie insbesondere die Kommunikation vernachlässigen sollten. Warum das? Schaut man sich einmal an, was ich oben zur Aufgabe von Führung gesagt habe, dann stellt man ziemlich schnell fest, dass alles auf die Fähigkeit hinausläuft, etwas zu kommunizieren. Wenn es beispielsweise um die Ziele eines Start-ups geht, so wäre es wichtig, dass die Mitarbeiter, aber auch die Kunden, diese erfahren. Deshalb müssen die Ziele so kommuniziert werden, dass keine Missverständnisse bestehen. Aber das ist nicht alles.

Insbesondere im Hinblick auf die Organisation eines Start-ups in einer Weise, dass die Mitarbeiter einen Rahmen vorgegeben bekommen, in dem sie wissen, was von ihnen erwartet wird, in dem sie sich bewegen können und in dem nachvollziehbar ihre Leistungen beurteilt werden, spielt Kommunikation eine besondere Rolle. Das beginnt bei der Darstellung der Erwartungen bis hin zu Gesprächen, mit einzelnen Mitarbeitern, aber auch mit Gruppen von Mitarbeitern. All diese Situationen erfordern unterschiedliche Kommunikationsfähigkeiten – wer schon einmal vor einer Gruppe gesprochen hat, weiß, dass diese anders adressiert werden muss als einzelne Personen und dann gibt es noch die Herausforderung, dass beim Empfänger möglicherweise etwas anderes ankommt als der Absender sagen wollte.

Kommunikation findet praktisch immer statt. Selbst wenn nichts gesagt wird, kann gerade das etwas aussagen (siehe dazu auch das Kommunikationsmodell von Paul Watzlawick [3]) Vielen Gründern ist sogar zumindest auf theoretischer Ebene oftmals klar, dass die Kommunikation zwischen ihnen untereinander und zwischen ihnen und den Mitarbeitern eine wichtige Rolle spielt und den Erfolg des Start-ups entscheidend prägend kann. Denn wenn die Gründer einen wertschätzenden Kommunikationsstil untereinander pflegen und auch die Kommunikation mit den Mitarbeitern wertschätzend, sachlich und positiv ist, dann wird sich das auf den Umgang der im Start-up arbeitenden Personen auswirken.

Ständige Misstöne, unsachliche Kritik und mangelnde positive Rückmeldungen stattdessen werden dafür sorgen, dass das Unbehagen der Mitarbeiter, für das Start-up zu arbeiten, wächst. Dies kombiniert mit am besten gar keinen Vorgaben für die Mitarbeiter hinsichtlich dem, was von ihnen erwartet wird, sowie fehlende Anleitung zur Weiterentwicklung und fehlendes Feedback bezüglich der durchgeführten Tätigkeiten bringen das Start-up ziemlich schnell in Richtung Untergang.

Jetzt bedarf es eigentlich nur noch ein paar konkreter Tipps, wie man am besten vorgeht, um die Atmosphäre in einem Unternehmen zu vergiften. Der geneigte Leser kann meiner Ansicht nach mit diesen drei Situationen anfangen:

a) Worte, die einmal unbedacht geäußert wurden, können trotz blumiger Entschuldigungen im Regelfall nicht mehr wirklich zurückgenommen werden[1]. Gründer sollten also am besten keine Energie aufwenden, sich die Folgen ihrer Worte zu überlegen. Gerade heraus mit der eigenen Meinung, das sollte die Devise sein. Und insbesondere Themen wie Religion, Politik oder auch Empfindsamkeiten des Gesprächspartners sollten bei Gesprächen,

---

[1]Hier noch der Hinweis: Es gibt diesen schönen Spruch, dass es einfacher ist und einen weiter bringt, wenn man sich für etwas im Nachgang entschuldigt, als wenn man im Vorfeld um Erlaubnis bittet. Dieser Spruch gilt für Handlungen – nicht für Kommunikation.

sowohl privat als auch beruflich, besonderen Stellen-
wert bekommen, da mit diesen Themen besonders leicht
negative Emotionen heraufbeschworen werden können.

b) Negatives Feedback, wenn es unsachlich wird und ohne
konstruktive Verbesserungsvorschläge daherkommt,
wirkt irgendwann demoralisierend. Gründer sollten
sich davon jedoch nicht beeindrucken lassen. Letztendlich geht es darum, in der harten Wirtschaftswelt eine
Delle zu hinterlassen und sich nicht von sinnlosen „Wie
kann man etwas besser machen"-Gesprächen aufhalten
zu lassen. Mitarbeiter, die nicht genau wissen, was sie
eigentlich falsch gemacht haben, werden in Zukunft
vorsichtiger sein. Und das ist genau das, was man zum
Scheitern braucht – Eigeninitiative oder gar sinnvolle
Verbesserungsvorschläge sind dabei nur hinderlich.

c) Schließlich können Konflikte zwischen Mitarbeitern
untereinander bzw. zwischen Mitarbeitern und
Gründern irgendwann zu nicht mehr behebbaren
Spannungen führen, insbesondere wenn sie niemals
sauber bearbeitet und Probleme wirklich an der
Wurzel gepackt werden. Was für eine Chance, wenn
ein Start-up scheitern soll. Besonders einfach ist es
dabei, mit den Konflikten zwischen Gründern und
Mitarbeitern umzugehen. Denn die Gründer sitzen
nun mal am längeren Hebel und können die konflikt-
bereiten Mitarbeitern mit einfachen Mitteln in den
Griff bekommen – mit mehr Kontrolle, weniger bis
gar keiner Delegation von Entscheidungsmöglichkeiten
und widersprüchlichen Auskünften und Informationen
in jeglicher Hinsicht. Die dadurch erzeugte Verwirrung
wird schnell einen ausreichend frustrierten Mitarbeiter
generieren. Und was die Konflikte zwischen den
Mitarbeitern angeht, so muss hier gar nichts unter-
nommen werden, denn die Mitarbeiter müssen nun
mal selbst herausfinden, in welcher Rangordnung sie

zueinanderstehen. Wenn die Gründer immer in diese Konflikte eingreifen müssen, dann kostet das nur Zeit und Energie. Die Mitarbeiter müssen schon selbst wissen, was sie eigentlich wollen. Und wenn ihnen das nicht klar ist, dann muss man ihnen Optionen geben, für ein anderes Unternehmen tätig zu werden.

9.3 Sich selbst führen

Die beste Möglichkeit für Gründer, andere zu führen, ist selbst ein gutes Vorbild zu sein. Allerdings sind wir normalerweise – zumindest aufgrund unserer Selbsteinschätzung – wenn überhaupt nur gut darin, andere zu beurteilen und einzuschätzen. Was aber einen Gründer selbst angeht, was dieser für Ziele und Prioritäten hat und welche schwierigen Gewohnheiten und blinden Flecken bei ihm bestehen, das ist regelmäßig sehr schwer zu bestimmen. Der Blick nach innen fehlt.

Selbstführung setzt voraus, dass man sich selbst gut kennt und weiß, was man will, dementsprechend handelt und Entscheidungen trifft. Als Gründer sollte man in der Lage sein, seine Stärken benennen zu können, wie auch die eigenen Schwächen. Man sollte seine eigenen Ziele kennen und bereit sein, die notwendigen Schritte aus eigenem Antrieb zu gehen, ohne darauf zu warten, dass jemand anderes oder etwas anderes einem die notwendigen Entscheidungen abnimmt. Wichtige Aspekte für die Selbstführung sind deshalb die Selbstreflexion, die Selbsterkenntnis und die Selbstverantwortung. Selbstführung setzt dabei voraus, dass ein Gründer in der Lage ist, sich selbst kritisch beurteilen zu können, notfalls mit externer Hilfe, um selbstbestimmt und bewusst durch das eigene Leben zu gehen.

Wer nun meint, dass dies gar nicht so einfach zu sein scheint, der hat Recht. Denn hier geht es insbesondere um Klarheit im Hinblick auf das, was man will, und die kritische Auseinandersetzung mit den „eigenen Dämonen". Und das ergibt dann gleich eine äußert gute Chance auf Scheitern: Man beschäftigt sich als Gründer nicht mit sich selbst. Auch hier muss man nämlich sehen, dass es auch Vorteile hat, wenn man sich selbst nicht darüber klar ist, wo man hin will, und sich selbst im Weg steht (wobei es dann natürlich nicht den einen Weg gibt, weil man ja nicht weiß, wo man hin will....) – man ist viel flexibler und kann viel besser auf unerwartete Situationen reagieren. Gut, diese Situationen kommen dann relativ häufig, weil aufgrund einer fehlenden Richtung sehr viel auf einen zukommt, was unerwartet ist. Aber zumindest erreicht man so, dass das eigene Start-up ein Spielball der Zufälle wird. Irgendeiner dieser Zufälle wird dann das Start-up aus der Bahn werfen – und das Ziel des Scheitern ist erreicht!

Weitere Informationen, Videos und Bonusinhalte

Literatur

1. Bröckermann R (2011) Führungskompetenz. Versiert kommunizieren und motivieren, Ziele vereinbaren und planen, fordern und fördern, kooperieren und beurteilen. Schäffer Poeschel, Stuttgart
2. Rosenstiel L von (1999) Grundlagen der Führung. In: von Rosenstiel L, Regnet E, Domsch ME (Hrsg) Führung von Mitarbeitern. 4. Aufl. Schäffer Poeschel, Stuttgart
3. Watzlawick P (2016) Man kann nicht nicht kommunizieren. Hogrefe, Göttingen

10

Investoren – Geld allein ist alles

*Wer das Beste liefert, bleibt schließlich oben, und ich ziehe immer
die Reklame durch Leistung der durch Worte vor.*

Werner von Siemens

Inhaltsverzeichnis

© Springer Fachmedien Wiesbaden GmbH, ein Teil von Springer
Nature 2020
C. Lexa, *Fail – Wie man als Start-up versagt,* Fit for Future,
https://doi.org/10.1007/978-3-658-29807-4_10

Der erste Investor legt Geld auf den Tisch und ist nun am Start-up beteiligt. Was für eine Validierung der eigenen Geschäftsidee! Plötzlich sind die Geldsorgen weg, es kann investiert und expandiert werden – es gibt keine Grenzen mehr.

Was wie ein schöner Traum klingt, ist jedoch in Wirklichkeit eine offene Spielwiese für zum Scheitern willige Gründer. Denn holen sich Gründer einen Investor an Board, dann bedeutet das normalerweise, dass dieser bestimmte Vorstellungen hat, warum er das Investment tätigt und wie er mit seinem Investment umgehen will. Darüber hinaus tätigt er das Investment nicht, um völlig uneigennützig den Gründern unter die Arme zu greifen, sondern um eine Rendite zu erzielen – und diese Rendite erzielt er mit einem sog. „Exit", indem das Start-up an die Börse gebracht wird oder der Investor seine für sein Investment erworbenen Anteile mit Gewinn veräußert. Aus alldem wird schon ersichtlich, dass ein suboptimaler Umgang mit einem Investor sehr schnell für Probleme sorgen und damit das Start-up gefährden kann. Bis zum Scheitern ist es dann kein großer Schritt mehr.

Dabei darf man als Gründer nicht den Fehler machen und denken, dass die obige vereinfachte Darstellung schon alles wäre, was man im Hinblick auf Investoren wissen muss. Das ist mitnichten der Fall! Vielmehr gibt es eine Vielzahl von Themen, die alle eine mehr oder weniger große Rolle im Rahmen eines Investments spielen. Bei jedem einzelnen kann ein fehlerhafter Umgang schnell Möglichkeiten für ein Scheitern eröffnen. Schauen wir uns nachfolgend die wichtigsten Themen und die damit verbundenen Möglichkeiten zum Scheitern an.

10.1 Finanzierung mit Investoren – ein Überblick

Zuerst ist es wichtig, einen Blick auf die unterschiedlichen Investorentypen zu werfen. Dies hilft grundsätzlich, die Herangehensweise an ein Investment zu verstehen sowie die Motivationen und die Erwartungshaltungen.

Wie es unterschiedliche Investorentypen gibt, so gibt es auch unterschiedliche Arten des Investments. Auf welche Art und Weise Kapital bereitgestellt wird, ist wichtig, um die damit verbundenen Rechte und Pflichten, sowohl aufseiten des Investors als auch auf der Seite der Gründer bzw. des Start-ups, zu verstehen.

Ein Investment ist regelmäßig mit einem bestimmten Investitionsprozess verbunden. Welche Etappen von der Kontaktaufnahme bis zur tatsächlichen Bereitstellung des Investments in Form von Geld absolviert werden müssen, ist für die Planungen immens wichtig. Insbesondere spielt hier eine Rolle, wie lange es dauert, bis es zu dem Investment kommt und welche Risiken es gibt, dass es nicht zu einem Investment kommt.

Eine besondere Rolle spielen sodann vertragliche Besonderheiten. Dabei geht es zum einen um die Frage, welche Vertragswerke überhaupt benötigt werden, aber zum anderen um die Frage, welche Inhalte diese Vertragswerke haben.

Schließlich stellt sich noch die Frage, was das Start-up bzw. die Gründer nun mit dem Investment machen. Regelmäßig liegt dieses in Geld vor, welches eingesetzt werden kann, um das Start-up voran zu bringen. Doch was passiert psychisch, wenn plötzlich eine (große) Menge Geld zur Verfügung steht und die bisherigen Geldsorgen sich scheinbar in Luft aufgelöst haben – wie geht man mit dieser Situation um?

10.2 Investorentypen

Ein Investor ist eine Person oder eine Institution, die einem Start-up Kapital zur Verfügung stellt, dafür eine Gegenleistung, regelmäßig in einer Beteiligung am Start-up, erwartet. Idealtypisch rechnet der Investor mit einem Totalverlust seines Investments[1], weshalb er am Ertrag des Start-up und an dessen Wertsteigerung partizipieren möchte. Arten von Investoren gibt es viele – Venture Capital-Gesellschaften, Business Angel, „Family, Friends & Fools" (FFF), Crowdinvestoren oder Accelerator-Programme (siehe z. B. [3–5] und [2]).

Unterschiede bestehen regelmäßig in der Renditeerwartung, der Höhe des Investments, den gewünschten Mitspracherechten (sowohl vonseiten des Investors als auch von Seiten des Gründers!) sowie den weiteren Unterstützungsleistungen neben dem bereitgestellten Kapital.

Schon bei der Auswahl des Investors können nun wichtige Fehler gemacht werden. Verstehen die Gründer nicht, welche Absichten der Investor hat, welchen Umgang er sich mit dem Start-up und den Gründern wünscht und welche Ausstiegsszenarien er plant, dann werden sie schnell feststellen, dass ein Investor, zumindest wenn er das Investieren professionell betreibt, genügend Möglichkeiten hat, seine Rechte durchzusetzen. Sind die Gründer darauf nicht vorbereitet, dann besteht großes Störpotenzial bis hin zum Scheitern des Start-ups, weil der Investor seine Interessen – Sicherung seines Investments – durchzusetzen versucht und die Gründer dann nicht mehr

---

[1]Das ist natürlich eine sehr verallgemeinernde Aussage und trifft wohl nur auf professionelle Investoren zu. Insbesondere bei Investoren aus dem Privatbereich erlebe ich immer wieder, dass für diese ein Totalverlust oftmals überraschend kommt.

dazu kommen, ihre Geschäftsidee voranzubringen, weil sie ihre Energie darauf verwenden müssen, sich mit dem Investor auseinanderzusetzen.

10.3 Arten des Investments

Letztendlich geht es bei einem Investment um die Zuführung von Kapital (zu den Arten des Investments vgl. beispielsweise [3] und [2]). Dies kann als Eigenkapital, also als klassische Einlage eines Gesellschafters, erfolgen oder als sog. „mezzanines Kapital", beispielsweise in Form von Genussrechten oder Nachrangdarlehen. Welches Finanzierungsinstrument ausgewählt wird, hängt auch von dem Investorentyp ab. Business Angel und Venture Capital-Gesellschaften übernehmen häufig Gesellschaftsanteile, zahlen auf diesen den Nennbetrag und leisten darüber hinaus eine Zuzahlung in die Kapitalrücklage der Gesellschaft.

Die Art der Finanzierung hat folglich Einfluss auf die Position des Investors in dem Start-up und auf seine Einflussnahmen. Genau an dieser Stelle machen nun Gründer regelmäßig gravierende Fehler. Denn so klar es ist, dass nicht alle Investmenttypen identisch sind, so wenig klar sind Gründern oftmals die Folgen, die sich aus einem bestimmten Investment ergeben können. Insbesondere erlebe ich immer wieder, dass zum einen die Arten der Investments nicht in allen Facetten verstanden werden, zum anderen Gründer darauf vertrauen, dass die Beteiligten die in einem Beteiligungsvertrag geregelten Rechte nicht „so streng ausüben werden, wie sie es könnten". Insbesondere Gründer mit wenig Erfahrung im Umgang mit Investoren hängen vielfach der „romantischen" Vorstellung nach, dass Investoren im Grunde Start-ups helfen wollen. Sie sind dann regelmäßig überrascht, wenn sich herausstellt, dass es den Investoren letztendlich um die Absicherung der eigenen Interessen, insbesondere der Sicherung des Investments, geht.

10.4 Der Investmentprozess

Zwei Faktoren sind wichtig im Hinblick auf den Investmentprozess: eine gute Vorbereitung und die Zeit. Denn insbesondere professionelle Investoren haben für sich einen Ablauf bezüglich des Investments entwickelt, der von der Kontaktaufnahme bis hin zur tatsächlichen Zahlung ein klares Schema vorgibt. Dabei umfasst der Ablauf regelmäßig die Prüfung der von den Gründern vorgelegten Unterlagen, die Festlegung der Eckdaten der Investition im Rahmen eines sog. „LOI"[2], die rechtliche, steuerliche und betriebswirtschaftliche Prüfung des Start-ups in Form einer sog. „Due Diligence" (vgl. [1]) sowie der Verhandlung der Vertragsdokumente.

Probleme ergeben sich an dieser Stelle regelmäßig deshalb, weil die Gründer zum einen den Prozess nicht verstehen und nicht professionell genug auf diesen reagieren, zum anderen entweder nicht die Zeit im ausreichenden Maß zur Verfügung steht, um das Investment abzuschließen,[3] oder die Gründer die Geduld mit dem Investor verlieren. Insbesondere dann, wenn das

---

[2]Ohne an dieser Stelle auf Details eingehen zu wollen stellt ein LOI, oder auch ein „Letter of Intent" eine Absichtserklärung der Parteien dar (vgl. [6]). Die Parteien formulieren in einem LOI, was sie sich im Hinblick auf das Investment vorstellen, ohne aber zu diesem Zeitpunkt konkrete Rechte und Pflichten festzulegen. Damit geht einher, dass an dieser Stelle ein Investment noch leicht scheitern kann – was oftmals Gründern nicht bewusst ist.

[3]Das ist insbesondere dann der Fall, wenn das Investment für das Start-up so essentiell wichtig ist, dass ohne das Investment das Geschäft des Start-ups nicht weiterbetrieben werden kann.

Start-up auf ein Investment angewiesen ist (und das muss nicht einmal heißen, dass dann gleich das Start-up ohne das Investment seine Aktivitäten beenden muss, sondern es kann auch bedeuten, dass die beabsichtigte Tätigkeit gar nicht erst aufgenommen bzw. nicht in dem Umfang betrieben werden kann, wie es erforderlich ist), kann aufgrund der Komplexität des Investmentprozesses und der damit verbundenen möglichen Komplikationen ein Scheitern schnell erfolgen. Wer hier nachhelfen will, verzichtet auf ein gewisses Maß an Professionalität und versucht, ein Investment in aller Eile abzuschließen.

10.5 Die vertragliche Ausgestaltung eines Investments

Es klingt banal, aber bei einem Investment geht es um Geld. Und wie heißt es so schön: „Who has the gold, makes the rules!"[4]. Und deshalb geben Investoren regelmäßig vor, zu welchen Bedingungen sie sich beteiligen, auch wenn viele Gründer das nicht immer erkennen bzw. sie der Meinung sind, aufgrund der Einzigartigkeit ihres Start-ups hätte sich der Investor ihren Wünschen zu beugen. Tatsächlich läuft es regelmäßig so nicht ab, sondern die Gründer müssen sich mit den Dokumenten der Investoren auseinandersetzen. Dabei können diese nur wenige Seiten ausmachen, aber auch ganze Ordner füllen. Dies hängt insbesondere vom Investorentyp ab. Venture Capital-Investoren verfügen in der Regel über standardisierte Verträge, was auch bei Business Angels der Fall sein kann (hängt vom Grad der

---

[4]Frei übersetzt: „Wer das Geld hat, entscheidet!".

Professionalität des Business Angel ab), aber nicht muss. Bei Investoren aus dem Familien- oder Freundeskreis wird regelmäßig auf umfangreiche Verträge verzichtet, während Crowdinvestments durchweg auf einem vordefinierten und nicht modifizierbaren Investmentkonstrukt basieren.

Was die in Betracht kommenden Dokumente angeht, so geht es regelmäßig um die folgenden:

- den Beteiligungsvertrag,
- die Gesellschaftervereinbarung,
- den Gesellschaftsvertrag,
- den Geschäftsführervertrag sowie
- weitere Vereinbarungen, sog. „Side Agreements" wie Schutzrechtevereinbarungen oder Sicherungsvereinbarungen.

Als ob das nicht schon kompliziert genug wäre, ist dann noch auf die Inhalte dieser Dokumente zu achten. Denn Vertragsinhalte dienen normalerweise bestimmten Zwecken. Deshalb finden sich im Rahmen von Investments normalerweise Regelungen, die die Situation des Start-up festhalten, die Mitbestimmungsrechte des Investors regeln, die Mitwirkung der Gründer an der Entwicklung des Start-ups absichern und die Beendigung des Engagements des Investors festhalten.

Die Möglichkeiten zum Scheitern sind an dieser Stelle nun vielfältig. Insbesondere erlebe ich es immer wieder, dass Gründer unvorbereitet mit einem Investor umgehen. Insbesondere die Folgen von vertraglichen Regelungen werden oftmals nicht erkannt, da keine entsprechende Beratung in Anspruch genommen wird. Das Internet erweist sich an dieser Stelle als Fluch (für die Gründer), denn vordergründig sind ja alle Informationen zu Investments durch einfaches Googeln zu finden. Jedoch fehlt es regelmäßig am Verständnis und der Erfahrung bezüglich der Nutzung der Informationen, die man auf diese Art findet. Schnell hat man dann einen Vertrag mit einem Investor geschlossen, der hinsichtlich der Performance des Start-ups nur über wenig Geduld verfügt und gnadenlos die ihm voreilig eingeräumten Rechte aufgrund des Investments ausübt – bis hin zur Verwertung des Start-ups nach seinen eigenen Vorstellungen, wenn die Gründer aus seiner Sicht nicht ausreicht kooperieren.

Wer schon einmal erlebt hat, wie ein Investor die Gründer aus deren eigenem Start-up herausdrängt, der kann sich vorstellen, dass das nicht in der Planung der Gründer enthalten war. Auf der anderen Seite ist das natürlich die ultimative Form des Scheiterns …

10.6 Die Phase nach Erhalt des Investments

Auch wenn es im ersten Moment paradox klingt, aber nach Erhalt eines Investments werden viele Fehler gemacht, die ein Start-up scheitern lassen. Denn das Geld auf dem Konto verführt zu Schritten, die ohne ausreichende Planung schnell zu weitreichenden und negativen Folgen führen. So werden zu viele Mitarbeiter eingestellt, unnötig große Räumlichkeiten angemietet oder die Entwicklung des Produkts oder der Dienstleistung ohne nötigen Fokus betrieben – Geld ist ja ausreichend vorhanden. Insbesondere in Kombination mit fehlendem kaufmännischem Verständnis ist es zu diesem Zeitpunkt leicht, die Weichen für ein schnelles Scheitern sinnvoll zu stellen. Wer schnell scheitern möchte, sollte einfach alle Hemmungen hinsichtlich Frugalität[5] fallen lassen.

Die Risiken, die sich aus einem Investment ergeben können, und sei es im Rahmen der Anbahnung eines Investments, werden regelmäßig unterschätzt. Insbesondere die Komplexität und der Faktor Zeit führt zu Fehlern, die den Bestand eines Start-ups gefährden können. Wer hier mit Bedacht vorgeht, kann schnell Situationen herbeiführen, die ein Scheitern äußerst wahrscheinlich machen …

Weitere Informationen, Videos und Bonusinhalte

---

[5]Wer nicht weiß, was dieses Wort bedeutet – umso besser. Denn mit Unwissenheit scheitert es sich leichter …

Literatur

1. Achleitner A-K (2019) Due diligence. https://wirtschaftslexikon.gabler.de/definition/due-diligence-35668. Zugegriffen: 4. Dez. 2019
2. Altrichter M und andere (2019) Start-up Investing: Praxishandbuch für Investorinnen und Investoren. Linde, Wien
3. Hahn C (2018) Finanzierung von Start-up-Unternehmen: Praxisbuch für erfolgreiche Gründer: Finanzierung, Besteuerung, Investor Relations. Springer Gabler, Wiesbaden
4. Manager Magazin (12.07.2019) FinTechs und Mobility gefragt Deutsche Start-ups sammeln Rekordsumme ein. https://www.manager-magazin.de/unternehmen/artikel/start-ups-in-deutschland-erhalten-rekordsumme-an-wagnis-kapital-a-1276994.html. Zugegriffen: 4. Dez. 2019
5. www.gruenderszene.de/lexikon/begriffe/investor. Zugegriffen: 4. Dez. 2019
6. www.gruenderszene.de/lexikon/begriffe/letter-of-intent? interstitial_click. Zugegriffen: 2. Febr. 2020

11

Selbstpflege – Alle Kraft dem Start-up

Der Mensch verbringt die erste Hälfte des Lebens damit, seine Gesundheit zu ruinieren und die zweite mit dem Versuch, sie wiederherzustellen.

Joseph Leonard

Inhaltsverzeichnis

Im ersten Moment kann es seltsam erscheinen, dass sich aus dem Thema Selbstpflege Möglichkeiten für das Scheitern eines Start-ups ergeben können. Denn das Kümmern um sich selbst haben Gründer normalerweise nicht auf dem Schirm – sie fokussieren sich auf die

© Springer Fachmedien Wiesbaden GmbH, ein Teil von Springer Nature 2020
C. Lexa, *Fail – Wie man als Start-up versagt*, Fit for Future,
https://doi.org/10.1007/978-3-658-29807-4_11

Entwicklung des Business oder des Produkts, geben sich mit den neuen aufregenden Situationen wie Besprechungen mit potenziellen Mitarbeitern oder Investoren ab und schlafen dabei wenig.

Außerdem liest man ja oft, dass die großen Unternehmen wie Google, Facebook oder Twitter von Gründern aufgebaut wurden, die zu Anfang auf jeden Luxus verzichtet und unter schlimmsten Bedingungen allen Widrigkeiten getrotzt haben, um schließlich erfolgreich zu sein. Wenn die das können, dann kann es ja nicht so schwer sein.

11.1 Gründer sind Jongleure

Tatsächlich jedoch ist das Gründerleben gar nicht so einfach. Viele „Bälle" müssen gleichzeitig jongliert, viele Themen gleichzeitig bearbeitet werden. Hinzu kommt die Vielzahl an Kommunikationskanälen, mittels denen die ständige Erreichbarkeit gelebt wird und die permanente Verbindung über das Smartphone mit dem Internet und den sozialen Netzen, über die Informationen abgerufen und weiterverbreitet werden. Ob Gründer es glauben oder nicht: Auf Dauer sind das ganz ordentliche Belastungen.

Hinzu kommen dann noch die Themen, mit denen sich Gründer als Unternehmer täglich abgeben müssen. So sind die Finanzen im Blick zu halten (insbesondere wenn Kunden ihre Rechnungen nicht bezahlen und das Start-up demnächst selbst Rechnungen begleichen muss, ohne dass Geld auf dem Konto ist, führt das schnell zu Stress) und die nächsten Marketingaktionen zu planen, die Teammitglieder müssen angeleitet, versorgt und motiviert werden, die Investoren, Geschäftspartner und Kunden melden sich und äußern Fragen, Wünsche und Kritik und dann gibt es vielleicht noch einen Partner oder eine

Partnerin bzw. eine Familie, die auch noch ab und an Zeit mit dem Gründer verbringen möchte.

Mit der Zeit kommt es dann dazu, dass Gründer immer weniger Zeit für sich haben und sich selbst vernachlässigen. Aus meinen eigenen Beobachtungen kann ich noch hinzufügen, dass diese Entwicklung sehr tückisch abläuft, denn sie entfaltet sich normalerweise nicht auf einen Schlag und mit einem großen Knall, sondern sie kommt schleichend. Vielleicht nimmt man sich von Tag zu Tag weniger Zeit für den Partner oder die Partnerin, man vernachlässigt nach und nach seine sportlichen Aktivitäten und zu Veranstaltungen von Freunden kommt man immer später, weil man ja noch „etwas im Büro zu tun hatte".

11.2 Auf Warnsignale hören nur Schwächlinge

Irgendwann merkt man dann an ersten Anzeichen, dass etwas nicht stimmt. Man fühlt sich nicht mehr so fit wie früher, ist abgehetzt und vielleicht hört man von Freunden, der Familie oder auch dem Partner oder der Partnerin, dass man gereizt und „müde" wirkt.

Spannend ist nun, wie man in so einer Situation reagieren soll. Auf der einen Seite sagen einem Gründer die Personen, die ihm wichtig sind, dass sich etwas negativ entwickelt hat. Auf der anderen Seite gibt es jedoch noch so viel im Start-up zu erledigen. Für was sollte man sich entscheiden?

Die Antwort ist natürlich für jeden klar, der dem Scheitern höchste Priorität beimisst: Der Gründer sollte die oben genannten Warnzeichen einfach ignorieren und sich weiter nur auf sein Start-up konzentrieren. Es muss

halt den Beta-Tieren um dem Gründer herum klar sein:
Wer mehr erreichen will als der Durchschnitt, der muss
Opfer bringen. Was bedeuten schon Gesundheit, Familie
oder Partnerschaft, wenn doch das Start-up kurz vor dem
großen Durchbruch steht?

Wie können die Freunde denn auch nur erwarten, dass
man einfach nach lediglich 15 h im Büro den Stift nieder-
legt und ein Bier trinkt? Können die denn gar nicht verstehen, dass jede Ablenkung letztendlich Zeit kostet und
das Start-up aus der Spur werfen könnte? Schließlich kann
ja niemand das, was der Gründer kann – also ist es besser,
er macht alles selbst, dann kommt es nicht zum Pfusch.
Und ist es nicht wissenschaftlich bewiesen, dass der
menschliche Körper in der Lage ist, viel mehr zu leisten
als gemeinhin angenommen? Er braucht halt nur die entsprechende „Motivation" in Form von eisernem Willen
und Kaffee – dann geht noch ein bisschen mehr. Früh
schlafen gehen ist für Weicheier, die Konkurrenz geht ja
auch nicht schlafen!

11.3 Pflege den Profis überlassen

Wie sollte nun aber ein Gründer mit dem Thema Selbstpflege umgehen? Ganz einfach: Nicht auf sich selbst
achten. Die Zeit tut dann schon ihr Übriges.

Stress ist ungesund und macht krank. Die Zahl an
Erkrankungen wie Burnout, Depressionen und ähnlichem
hat in den letzten Jahren rapide zugenommen – und die
Tendenz ist weiter steigend. Das ist aber noch nicht alles.
Stress kann darüber hinaus viele andere Krankheiten aus-
lösen, wie beispielsweise Herz- und Kreislaufbeschwerden,
Magen- und Verdauungsprobleme, Angstzustände und
Schlafstörungen.

Wie kann nun ein Gründer auf dies reagieren? Er sollte auf jeden Fall nicht versuchen, die eigenen emotionalen und körperlichen Bedürfnisse zu erkennen und zu verstehen sowie nicht versuchen, mit diesen Bedürfnissen umzugehen, ihnen Priorität einzuräumen und sich um deren Erfüllung zu kümmern. Und das ist letztendlich einfach. Denn Gründer schieben die eigenen Bedürfnisse oft und gerne zur Seite, wollen davon nichts wissen bzw. verleugnen diese oder überhören sie. Vielen fehlt schon der Zugang zu den eigenen Bedürfnissen, andere kennen sie zwar, wollen sie aber nicht zugeben, möglicherweise aus Angst, Schüchternheit oder mangelnder Akzeptanz für sich selbst. Und dann gibt es noch die, die es sich besonders einfach machen und anmerken, dass sie keine Zeit haben, sich mit Selbstpflege zu beschäftigen, da sie ja kaum die Dinge, die privat und beruflich jeden Tag anstehen, auf die Reihe bekommen. Für mehr, insbesondere für Selbstpflege, fehlt einfach die Zeit und die Kraft.

Was auf den ersten Blick wie ein Teufelskreis aussieht, ist in Wirklichkeit jedoch eine großartige Chance für das Scheitern. Denn auf eines ist Verlass: auf die Limitierungen des menschlichen Körpers. Irgendwann wird der Moment kommen, wo alle Reserven aufgebraucht, alle psychischen und physischen Barrieren niedergerissen und alle letzten Grenzen der menschlichen Leistungsfähigkeit überschritten sind. Und dann wird der Körper sehr deutlich sagen, dass es ihm jetzt reicht. Das Spannende ist natürlich, dass man nicht mit hundertprozentiger Sicherheit sagen kann, wie sich der Körper äußern wird. Vielleicht kommt es zu schwerwiegenden körperlichen Problemen, vielleicht auch erleidet die Psyche einen „Schlag". Wie dem auch sei – es wird reichen, den Gründer aus der Bahn zu werfen.

11.4 Konkrete Schritte

Natürlich klingt das Vorstehende wieder sehr theoretisch. Doch für viele Gründer werden die Ausführungen schon ausreichen, denn wer schon diese Themenkomplexe nicht versteht, der tut sich natürlich leicht, diese zu ignorieren. Wer es jedoch lieber etwas konkreter mag, der sollte sich gedanklich kurz mit den nachfolgenden Themen beschäftigen und entsprechend seine Ignoranz entfalten.

a) Für die Gesundheit ist seelisches Wohlbefinden wichtig. Wie schreibt schon der römische Dichter Juvenal (Satire 10, 356): „Orandum est ut sit mens sana in corpore sano![1]". Erreichen könnten Gründer dies, indem sie beispielsweise versuchen, ihr Stresslevel durch Zeitmanagement oder Aufgabendelegation zu reduzieren, ausreichend Kontakt zu Freunden und der Familie halten und durch Freizeitaktivitäten Spaß und Freude in ihr Leben bringen. Aber welcher Gründer will das schon? Hilfreich ist hierbei, dass Gründer im Grunde wenig delegieren können, weil nur sie wissen, wie die notwendigen Aufgaben am besten ausgeführt werden. Und für den Rest haben sie im Optimalfall gar keine Zeit.

b) Körperliches Wohlbefinden erreicht man beispielsweise durch die Erhaltung eines gewissen Fitnesslevels sowie durch das Hören auf die körperlichen Signale im Hinblick auf Erschöpfung, Schlafmangel und Krankheit. Auch regelmäßiges Essen und Trinken spielt eine wichtige Rolle. Gründer, die sich im Hinblick auf ein Scheitern richtig ins Zeug legen wollen, nehmen sich

---

[1] Die Übersetzung lautet ungefähr: „Beten sollte man darum, dass ein gesunder Geist in einem gesunden Körper sei."

einfach nicht mehr die Zeit für Sport, verstehen, dass sie auch wochenlang mit vier Stunden Schlaf pro Tag auskommen und ernähren sich nur noch von Fertiggerichten. Wenn Mark Zuckerberg und Bill Gates es so geschafft haben, dann können andere das auch!

Mein Rat lautet: Leistung ist das Einzige, was zählt. Wer jammert, der hat sowieso die Kontrolle über sein Leben verloren.[2] Das Gründerleben ist aufregend, aber eben auch hart. Wenn fehlende Kenntnisse, Teamprobleme oder mangelhafter Vertrieb Start-ups nicht dahinraffen können – worauf man sich auf jeden Fall verlassen kann, ist der nicht belastbare, schwächliche eigene Körper!

Weitere Informationen, Videos und Bonusinhalte

---

[2]Angelehnt an Karl Lagerfelds legendäres Zitat: „Wer Jogginghosen trägt, hat die Kontrolle über sein Leben verloren."

12

Ein paar Worte zum Schluss

Wenn die anderen glauben, man ist am Ende, muss man erst richtig anfangen.

Konrad Adenauer

Wie man in diesem Buch sehen konnte, gibt es nahezu unendlich viele Möglichkeiten, mit einem Start-up zu scheitern. Man muss letztendlich nur wissen, welche Optionen einem Gründer auf welchen Themenfeldern zur Verfügung stehen. Dann heißt es nur noch die Weichen richtig stellen und zuschauen, wie das Start-up an die Wand fährt – und je höher dabei die Geschwindigkeit ist (bzw. je konsequenter und nachdrücklicher die richtigen Fehler gemacht werden), umso lauter ist der Aufschlag.

Mir bleibt nun am Ende nur noch eines: Ein bisschen strategische Hilfestellung zu geben, damit mit dem Herbeiführen des Scheiterns nicht zu viel Zeit vergeudet

© Springer Fachmedien Wiesbaden GmbH, ein Teil von Springer Nature 2020
C. Lexa, *Fail – Wie man als Start-up versagt*, Fit for Future,
https://doi.org/10.1007/978-3-658-29807-4_12

wird. Getreu nach dem Motto: Wer schneller scheitert, kann öfters scheitern!

Wie sollte ein Gründer nun vorgehen? Es gibt ein paar klassische Themenfelder, die mir in meinen Beratungen immer wieder unterkommen und die, wenn sie denn entsprechend bearbeitet (bzw. nicht bearbeitet) werden, schon fast automatisch zum Scheitern führen.

1. Ignorieren sollte man auf jeden Fall die Fragen nach der Eignung zum Unternehmer und ob kaufmännische Kenntnisse bestehen. Denn wer schnell scheitern möchte, bei dem sollten schon bei den Grundlagen Defizite bestehen.

2. Sodann sollte man vehement der These folgen, dass es allein auf die Idee ankommt. Denn dadurch kommt man erst gar nicht auf das schmale Brett, sich mit der Umsetzung, also der Exekution, der Idee auseinander zu setzen.

3. Und schließlich würde ich noch jede Rückmeldung der Kunden ignorieren. Denn die wissen regelmäßig gar nichts und verstehen die eigene Geschäftsidee normalerweise gar nicht. Außerdem sind wir hier in Deutschland, da wird sowieso alles Neue schlechtgemacht – das braucht man sich dann nicht von den Kunden sagen lassen. Insbesondere was Kundenbedürfnisse angeht, so sollten Gründer immer bedenken, dass sie selbst viel näher an den Problemen der Kunden dran sind als diese selbst. Während die Gründer den Blick von oben haben, sehen die Kunden nicht weiter als zu ihren Füßen. Wie also sollen sie dann in der Lage sein, die Innovation der Gründer beurteilen zu können?

Eine ausreichend selbstbewusste Ignoranz diese drei Themenfelder betreffend kann im Hinblick auf ein schnelles Scheitern Wunder wirken. Wem das nicht reicht, der lässt dann noch einfach das Team ohne Planung „vor sich hin wurschteln", misst dem Thema Führung keine Bedeutung bei und befasst sich nicht mit Marketing und Vertrieb – als Gründer ist man zu Höherem berufen!

Probiert es einfach mal aus, gründet ein Start-up und legt einfach los. Ihr werdet schnell feststellen: Scheitern ist gar nicht so schwer.

„Doch Halt!", höre ich den einen oder anderen sagen: „War das wirklich schon alles? Gibt es nicht noch ein klein wenig mehr zu Scheitern und Fehlschlag zu sagen? Ist das wirklich ein Buch ohne Bonus?" Nun, hier möchte ich dem Leser noch einmal zurufen: „Frohlocke!" Denn in der Tat habe ich für dieses Buch ein Bonuskapitel erstellt, welches auf der Webseite zu diesem Buch unter https://www.AnleitungzumFehlschlag.de zu finden ist oder direkt über diesen QR-Code:

So, jetzt ist es aber wirklich genug – mehr als 90 Seiten geballtes Wissen zum Thema Scheitern als Gründer, Bonusmaterialien zu jedem Kapitel und ein komplettes Bonuskapitel – das sollte doch eigentlich reichen, um einen Fehlschlag zum Selbstläufer zu machen.

Sollte es aber dennoch jemanden geben, dem die Ausführungen in diesem Buch und das Material auf der Webseite zum Buch nicht ausreichen, der kann gerne mit mir Kontakt aufnehmen:

E-Mail: failfast@kanzlei-lexa.de

LinkedIn: https://www.linkedin.com/in/carstenlexa

YouTube: https://www.youtube.com/kanzlei_lexaDE

Printed in the United States
By Bookmasters